BLV Ratgeber Essen und Trinken

Fisch in der Küche · Fleisch, Wurst und Schinken verarbeitet und hausgemacht · Gerichte aus dem Schnellkochtopf
Hausgemachtes für Küche und Keller · Ich helf dir kochen
Knuspriges Brot aus dem eigenen Ofen · Das praktische Buch vom Wein
Selbstgebackenes · Wild in der Küche

BLV Kochpraxis

Fruchtwein, Most und Säfte selbst gemacht · Knödel, Klöße und andere runde Sachen · Köstliches aus der Pilzküche · Nudel & Nudel
Paradiesische Apfelküche · Pasteten, Torten und Strudel
Spargel einfach Spitze · Überbackenes, Aufläufe und Puddings

BLV Idee & Praxis – Essen und genießen

Aus griechischen Küchen · Aus türkischen Küchen
1 × 1 der richtigen Ernährung · Einlegen, Trocknen, Kandieren
Eis selbst gemacht · Genüßliche Weinkunde · Gesunde Wildkräuterküche
Kartoffeln rund und gesund · Kinderfeste · Köstliche Obstspeisen
Die Kunst schlank zu bleiben · Die Kunst Tee zu trinken
Obstkuchen – Obsttorten · Selber backen mit Vollkorn
Selbstgemachte Marmeladen und Gelees
Selbstgemachtes aus der Küche zum Verschenken
Vollwert-Süßspeisen · Weihnachtliche Bäckerei

Fachbücher für die Gastronomie

Buffets und Empfänge · Fische und Krustentiere
Fleisch · Wild und Geflügel

Zum Thema »Lebe gesund«

Diät-Ratgeber bei Bluthochdruck und erhöhten Blutfetten
Diät-Ratgeber für Diabetiker · Es schmeckt auch ohne Fleisch
Kochbuch für die ballastreiche Ernährung · Kochbuch für Leber- und Gallendiät · Reformkost für alle Tage · Richtig essen wenn man älter wird
So ernährt man Kinder richtig · Vollwertkost mit Genuß
Von der gesunden Lebensweise

Weitere BLV Kochbücher

Am liebsten Gemüse · Bayrische Kuchl · Chinesisch kochen
Schritt für Schritt · Feld-, Wald- und Wiesenkochbuch
Das große BLV Buch der Kräuter & Gewürze · Gute alte Bauernküche
Hasenöhrl und Kirmesfladen · Kochen mit Rundum-Hitze
Mikrowelle · Mit Heißluft braten, grillen, backen
Schnell ein Essen für uns zwei

Egon M. Binder

Knödel, Klöße
und andere runde Sachen

BLV Verlagsgesellschaft
München Wien Zürich

CIP-Kurztitelaufnahme der Deutschen Bibliothek

Binder, Egon M.:
Knödel, Klöße und andere runde Sachen / Egon M. Binder. –
München; Wien; Zürich:
BLV Verlagsgesellschaft, 1986.
(BLV-Kochpraxis)
ISBN 3-405-13204-5

Gesamtherstellung: Friedrich Pustet, Regensburg

Printed in Germany · ISBN 3-405-13204-5

Bildnachweis

Bilderdienst des Süddeutschen Verlages, München, Seite 104
Egon M. Binder, Grafenau, Seiten 35 (unten), 69, 70, 87, 88
Franz Hackl, Viechtach, Seite 110
Verkehrsamt Hocheppan bei Meran, Seiten 9, 35 (oben)
Pfanni-Werke, München, Hauswirtschaftliche Beratung, Seite 36
Archiv, Seiten 5 (2), 12, 17, 18, 25, 57, 64, 71
Römisch-Germanisches Museum, Köln, Seite 11
Erna Horn, Von Knötelein, Knödchen und Knödeln, Seite 109
Neues Kartoffel-Kochbuch von Maria Buchmeier, Seite 5
Niederbayerischer Volks- und Heimatkalender, Neue Presse Verlags-GmbH, Passau, Seiten 5, 81 (Kalender von 1976), Seite 95 (Kalender von 1971)
Ludwig Richters Hausbuch, Seiten 6 (2), 29, 47, 99, 119
Walter Schmidtkunz, Das leibhaftige Liederbuch, Möseler Verlag, Wolfenbüttel und Zürich, Seite 91

Titelfoto: Julius Negele

Bei der Stoffsammlung für dieses Buch durfte ich den Ratschlag vieler Knödelfreunde, Köchinnen und Köche erfahren. Mein besonderer Dank für ihren in diesem Buch eingebrachten Erfahrungsschatz gilt in erster Linie meiner Mutter Luise Binder. Ferner danke ich für ihre Unterstützung: Steigenberger-Küchenchef Werner Bachmann, Grafenau; Verkehrsdirektor Konrad Dissertoni, Eppan/Südtirol; Gastwirt Ferdinand Kellermann, Grafenau; Doris Kritzer, München, und Barbara Kosler, Pfanni-Werke, München.

Inhalt

In Liebe zu Kloß und Knödeln

Ja, ich geb's gerne zu: Ich bin ein Knödelbayer! Ich bin mit Knödeln aufgewachsen in einem Landstrich, der nicht nur ein geographischer Mittelpunkt für das Kernland der Knödelfreunde sein könnte, sondern fürwahr auch ist. Unweit jener Grenzen, die Bayern, Böhmen und Österreich trennen oder, wenn man es positiv sehen will, verbinden, stand meine Wiege, also so recht am Schnittpunkt der Semmel-, Reiber-, Leberknödel, der Böhmischen Knödel und der österreichischen Marillen-, Speck- und Germknödel. Der Knödel ist hierzulande schlechthin die Dominante auf jeder Speisekarte. Ein Menü ohne diese runde Sache ist fast nicht vorstellbar.

Wem beim Blättern in diesem Buch das Wort Knödel aus patriotischer Sicht wie ein Kloß im Hals stecken bleibt, soll aber nicht denken, das Werk sei nicht auch für ihn geschrieben. Ganz im Gegenteil. So unterschiedlich die Rezepte und deren weltweite Verbreitung auch sein mögen: Zwischen Knödeln, Klößen und Klopsen selbst gibt es, was die sprachliche Definition betrifft, keinen wesentlichen Unterschied. Rund sind sie alle. Verschieden sind nur die Zutaten und die Kunst ihrer Herstellung. Der bayerische Semmelknödel schmeckt nämlich nicht viel anders als der norddeutsche Semmelkloß.

Knödel und Klöße machten Geschichte. Die Knödelrezepte selbst machten all die geschichtlich bedingten, schicksalhaften »Völkerwanderungen« mit. So kamen die böhmischen Knödel mit den böhmischen Köchinnen in das Herz des Habsburger Reiches nach Wien und von dort in die vielen Länder und Provinzen des einstmaligen Kronlandes. Oder die schlesischen Klöße machten mit den deutschstämmigen Vertriebenen diese ungewollte Reise mit in den Westen Deutschlands.

Denke ich an mein Essen in den früheren Jahren, das mich bestimmt nicht mit Spezialitäten der Nouvelle cuisine verwöhnte, dennoch aber alles schmackhaft war, was Mittag für Mittag aus Mutters Kochtopf kam, dann waren es die »runden Sachen«, auf die ich mich an Werktagen wie Festtagen besonders freute, ganz gleich, ob's dazu Schweine- oder Rindfleisch und an den hohen Festtagen des Kirchenjahres vielleicht eine Ente oder gar eine Gans gab. Nur: Die Soße mußte ebenso stimmen wie die exakte Einhaltung der Essenszeit, da man ja bereits zu Tische sitzen muß, wenn der Knödel grad' noch die letzten Sekunden im Knödelwasser schwimmt.

Die Treue gehalten habe ich dem Kloß wie dem Knödel auch über jene Jahre hinweg, in denen ich vorzügliche Freuden der Kochkunst aus den Kochtöpfen ferner Länder kennenlernen und genießen durfte. Diese Freuden möchte ich zwar genauso wenig missen wie die Speisen meiner Kindheit und Jugend. Zugeben muß ich aber, daß mich die Heimkehr aus den Ländern der weiten Welt stets mit einer Wiedersehensfreude erfüllt hat, wenn es dampfende Knödel zu essen gab.

Spät, keinesfalls aber zu spät, rührte ich aus dieser Freude an der Kochkunst heraus dann selbst im eigenen Kochtopf und kam dabei am Knödel nicht vorbei. Wie unumgängliche Klippen stellten sich die Knödel- und Kloßrezepte in den Karriereweg des

Hobbykochs. Sie bedeuteten für mich eine echte Herausforderung, wie mir jede Hausfrau in spe ehrlichen Herzens bestätigen wird. Und mit dem Blättern in neuen und alten Kochbüchern, beim Gespräch mit souveränen Knödelspezialistinnen rollte das Knödelinteresse zu vielen Stätten der Kochkunst, wurde mir viel, ja oft geradezu Aufregendes an Geschichten über diese Speisekartenbereicherung erzählt, die ich, genauso wie eine Vielzahl von überaus ausprobierenswerten Rezepten, aufnotiert habe.

Wenn das Herz an Freuden voll ist, geht bei einem Journalisten nicht nur der Mund über, sondern verleitet dazu, sich zu fragen, warum all diese Erfahrungsschätze zwischen selbstbeschriebenen Kochbuchseiten ungenützt vergilben sollen, bis vielleicht einer der Nachfahren einmal beim Blättern in diesem bewährten Kochbuch ebenfalls Lust zum Knödelmachen bekommt. Genauso wie es beim Knödel und Kloß nicht allein genügt, daß sie rund sind, sondern nur dann schmecken, wenn sie leicht und locker gelungen sind, habe ich versucht, die Knödelrezepte etwas mit Geschichte und Geschichten, mit so mancher Anekdote und mit viel Spaß an der barocken Lebensfreude aufzulockern.

Egon M. Binder

Historisches um Kloß und Knödel

Die Knödelesserin.
Teil aus dem Freskenzyklus „Geburt Christi" (1280)
in der Burgkapelle von Hocheppan.

Als Kloß und Knödel noch »Knöpfe« hießen

Sprachforscher haben sich fast die Zähne an ihnen ausgebissen, an den Namen der Knödel und Klöße, woher sie stammen und wie man sie im Laufe der Jahrhunderte abwandelte. Vom althochdeutschen »Chnodo« oder »Knoto« sollen sie kommen, die Klöße und Knödel. Es mußte auf alle Fälle etwas mit Knoten oder Kneten zu tun haben. Und dieses »Knoto«, das den Ursprung wohl im römischen nodus (der Knoten) bzw. nodulus (das Knötchen) hat, beherrschte lange Zeit in den Kochbüchern den Knödelnamen, der noch im 18. Jahrhundert als Knötlein erscheint.
Die Ober- und Niederbayern nennen ihre Leibspeis auch heute noch Kno'n oder Knödel, im Fränkischen klingt es dann mit Knödla und in der Oberpfalz mit Knö'l oder Kniadla nach. Und wer im Bayerischen ein tüchtiger Knödelesser ist, der hat gleich den Spitznamen »Knontiger« (Knon = Knödel) weg. Der Knödel paßte sich natürlich den entsprechenden Dialektformen an. So heißt er in der DDR auch heute noch Kniddel, im Rheinland Knuddl. Die Königsberger Klopse dagegen leitet man vom Wort globuli, also von rund wie der Globus ab.
In mittelalterlichen Zeiten war Kloß und Knödel unter den Bezeichnungen Knöpf und Knöpflin, Knöpflein und schließlich dann als Knötlein bekannt. Je nach dem mundartlichen Sprachgebrauch sind heute noch viele alte Namen für Knödel im Umlauf, so Kleesse, Klössel, Bällchen, Flutte, um nur einige wenige zu nennen.
Kein Wunder also, daß man sich auch heute selbst im deutschsprachigen Raum auf eine einheitliche Namensgebung für diese runden Sachen noch nicht einigen kann. Doch alles hat seine Berechtigung, überall schmecken die Knödel ein bißchen anders aufgrund der verschiedenen Rezepte, denen wir in diesem Buch nachspüren möchten.

Die Knödel-Madonna von Hocheppan in Südtirol

Wer sich einmal in die Geschichte der Knödel vertieft hat, diese Spezialität besonders schätzt und glaubt, es hier mit einer Speise von großer kulinarischer Geschichte zu tun zu haben, der wird kaum daran zweifeln, daß es sogar eine »Knödel-Muttergottes« gibt. Ja, fürwahr! Es gibt sie an der Südtiroler Weinstraße in der Burgkapelle des Schlosses Hocheppan, die rund 25 km von Meran entfernt zu finden ist. Sicher wurde Eppan in den zwei Jahrtausenden seiner Geschichte am südlichen Abhang der Alpen nicht durch die Knödel weltbekannt, vielmehr war es der Wein, der dort gedeiht. Römische Cäsaren tranken Eppaner Wein, Glaubensboten der katholischen Kirche erbauten schon im fünften Jahrhundert nach Christi Geburt Gotteshäuser. Und man ist mit Recht stolz auf die Geschichte, denn in Eppan schlug das politische Leben des Mittelalters blutig und machtgierig immer wieder brandende Wellen, wie die Bevölkerung dieses Südtiroler Ortes ihre Geschichte geschildert haben will. Und im Schloß Hocheppan der einstmals welfischen Grafen von Eppan, die die Herren der Grafschaft Bozen waren, gibt es eine Kapelle mit gar wundervollen und noch gut erhaltenen Fresken. Sie zeigen die wohl älteste Darstellung einer

Knödel-Esserin auf der ganzen Welt. In der Burgkapelle, unter der »Knödel-Madonna« abgebildet, ist eine Frau, der Darstellung nach einer Klosterfrau ähnlich, die aus einer Pfanne, die über ein offenes Feuer gestellt ist, Knödel ißt. Interessant erscheint das Eßbesteck, mit dem sie die Knödel zum Munde führt. Diese Gabel ist halb Messer, halb Gabel, also ein Knödelmesser, wie es im 13. Jahrhundert üblich war und auch in anderen zeitgenössischen Darstellungen überliefert ist. Dieses Fresko stammt aus dem Jahre 1280. Zugleich ist diese Darstellung ein Beweis dafür, daß in herrschaftlichen Kreisen die Knödel beliebt waren, und das in einem Landstrich, hier sei der Fremdenverkehrsprospekt von Eppan zitiert, »wo das Mittelalter zu einem berühmten Adelsparadies wie sonst nirgendwo in deutschen Landen so herrlich verebbte.«

Wer mag den Kloß wohl erfunden haben?

Daß es sich bei Kloß und Knödel um eine rundherum runde Sache handelt, das ist in vielen Ländern bekannt. Wer aber diese speziell in Mitteleuropa zu hohem Ansehen gekommene Tafelspezialität erfunden hat, darüber kann selbst der Große Brockhaus keine genaue Antwort geben.
Der Erfinder oder die findige Köchin wird im Dunkel der Geschichte verborgen bleiben. Die Tradition geht auf Urzeiten zurück. Zuschreiben könnte man dem Aussehen nach diese Erfindung am ehesten den Bayern und den Tirolern, aber warum auch nicht den Böhmen oder den Franken? So kann man ihn sich vorstellen, den Knödelerfinder: wahrscheinlich ein rundlicher Gemüts-

Knödel in der Römerzeit: Grabstein im Römisch-Germanischen Museum, Köln, der das Totenmahl für den Veteranen Caius Julius Maternus zeigt.

Der englische Nachbar:
Dammed! Sie haben das ganze Haus voll Kanonenkugeln.

mensch, Zufriedenheit ausstrahlend und in der glücklichen Lage, die schlanke Linie als Nebensache dieser Welt zu betrachten. Der Knödel und Kloß sind schon seit jeher ein Qualitätsbeweis für Koch und Köchin, denn wenn sie nicht locker, sondern mit normalen Küchenbestecken fast unbezwingbar sind, dann wird man dem Hersteller dazu raten, künftig seinen Arbeitsplatz nicht in der Küche, sondern eher in der Herstellung von Tennis- und Gummibällen zu suchen.

Schon in der Bibel ist davon die Rede, daß Gott der Herr am Ende der Schöpfungswoche den Menschen aus einem Erdenkloß formte und ihm dann Leben einhauchte. Ein schönes Beispiel also dafür, daß die Aufzeichner des Alten Testaments sich dieses Gleichnisses nur deshalb bedienen konnten, weil sie von der Knödelherstellung eine Ahnung haben mußten. Wer einmal bei Völkern und Stämmen zu Gast war, deren Eßkultur der abendländischen noch einige Jahrhunderte »nachhinkt«, dem wird es nicht schwerfallen, sich vorzustellen, wie der Knödel eigentlich entstanden ist. In entlegenen Gebieten Asiens und Afrikas oder auch Südamerikas findet man es immer wieder, daß in Ermangelung von Eßbesteck sich die Menschen allein ihrer Hände bedienen, um an geschmortes Fleisch heranzukommen. Der dazu servierte Reis, Hirse oder auch die Speisen aus Maismehl werden zu kleinen Bällchen geformt, in Soßen getaucht und direkt in den Mund geschoben.

Von »Knödelwürgern« und »Knödelhenkern«

Kein Wunder, daß die Knödel schon sehr früh in die Literatur Eingang gefunden haben. Bereits um das Jahr 1000 sind Pergamenthandschriften erhalten, in denen von Knödeln bzw. Klößen die Rede ist. Und da auch in Mitteleuropa Eßbestecke bis in das späte 17. Jahrhundert so gut wie unbekannt waren, hat man also ebenfalls mit den Händen gegessen. Es gab nur eine Möglichkeit, sich eines Eßwerkzeugs zu bedienen, nämlich das Knödelmesser, von dem es schon im 11. Jahrhundert Darstellungen gibt. Die zumeist recht kunstvoll geschmiedeten Messer waren in den herrschaftlichen Küchen lange Zeit schlechthin das begehrte Eßwerkzeug. Es handelte sich dabei um sehr elegant geformte Küchenmesser, die nach vorne im spitzen Winkel zugingen, also mehr nach Spieß als nach Messer aussahen. Man konnte damit nicht nur Braten zerteilen, sondern auch die Knödel aufspießen oder Knödelteile in den Mund schieben. Diese speziellen Messer sind auch unter dem Namen »Knödelwürger« und »Knödelhenker« bekannt. Kunstvoll verzierte »Knödeldolche«, auch Dolchmesser genannt, gab es vor allem im 17. und 18. Jahrhundert. Bei diesen Einschlagmessern war die Klinge allerdings schon etwas breiter. Nur an der Klingenspitze waren sie zu einem Spieß umfunktioniert, um damit vor allem das Aufspießen von Fleisch- und Knödelstückchen zu erleichtern.
Ein mittelalterliches Knödelmesser ist auch in dem Fresko von Hocheppan (Seite 9) zu sehen.

Der Siegeszug des Böhmischen Knödels

Eine kleine Geschichte voraus, makaber vielleicht, aber so erzählt, wie erlebt:
Auf der Suche nach geschichtlichen Quellen des Böhmischen Knödels, nach alten Rezepten und nach alten Kochbüchern führte den Autor dieses Buches auch eine Reise dorthin, wo das Herz des Böhmischen Knödels schlägt, in die Goldene Stadt Prag. Die Küchen der Restaurants in der tschechischen Hauptstadt quellen geradezu über von Serviettenknödeln, süßen Knödeln und anderen

böhmischen Knödeln, die nicht unbedingt in Scheiben geschnitten sein müssen. Das Vorhaben, ein eigenes Buch über Knödel zu schreiben, stieß zwar auf größtes Verständnis, doch ab und zu konnten sich die Befragten ein Schmunzeln nicht verkneifen, denn es sei hier in der Hauptstadt Böhmens zwar üblich, viele Knödel zu essen, doch über Knödel zu schreiben, darauf sei bislang noch keiner gekommen. Selbst in den Archiven gab es Fehlanzeige, natürlich aber schöne Kochbücher und überaus herzhaft köstlich formulierte Rezepte.

Und bei dieser Suche nach dem Böhmischen Knödel führte der Weg auch in eine Alt-Prager Bierstube, direkt am Altenstädter Ring, die eigentlich den offiziellen Namen »Zum Rathaus« trägt. Aber nachdem in unmittelbarer Nähe ein Beerdigungsinstitut seinem Geschäft nachgeht, nennen es die dort den ganzen Tag über sehr sitzfest anzutreffenden Stammtischbrüder »Bierstube zu den Särgen«. Begleitet von einem treuen Prager Freund, wurde das Vorhaben vorgetragen und überaus freudig und interessiert aufgenommen. Knödel, ja, so meinten auch diese allesamt dicklich runden Stammtischbrüder, das sei wirklich eine Sache, über die es sich lohne zu schreiben. Nur, das eine konnten sie kaum, Rezepte vermitteln, denn Kochen, das sei im Lande des dreischwänzigen Löwen wohl eher eine Sache der Frauen.

Doch der eher schmächtige Graf Ladislav, Nachkomme eines verarmten böhmischen Adels, konnte da schon helfender beistehen. Seine Mutter, eine weitum bekannte, gute Köchin, besitze nämlich zwei alte Kochbücher, die sie gerne veräußern würde, da sie ja niemals mehr darin blättern müßte, kennt sie doch all die bewährten Rezepte auswendig. Graf Ladislav versprach, mit seiner Mutter zwecks Verkauf zu sprechen. Doch er konnte es nicht mehr, denn als man sich am nächsten Tag wiederum am Altstädter Ring traf, mußte Graf Ladislav mit den beiden Kochbüchern die traurige Mitteilung überbringen, daß seine Mutter noch am selbigen Abend, als er wegen der Kochbücher mit ihr sprechen wollte, verstarb. Und das eine war für Graf Ladislav in diesem traurigen Augenblick vielleicht nur tröstlich: Beim neuen Besitzer seiner beiden Kochbücher von Magdalena D. Rettig aus dem Jahre 1888 und von Marie von Rokitansky aus dem Jahre 1913, würde diese Hinterlassenschaft in guten Händen sein.

Köchinnen aus Böhmen bereicherten nicht nur die österreichisch-ungarische Monarchie, also das Reich der Habsburger. Wer die Geschichte des letzteren Herrschergeschlechts ein bißchen studiert hat, der weiß, daß gerade sie Garanten dafür waren, daß der Böhmische Knödel über sein Stammland hinaus ganz Mitteleuropa eroberte. Wer was auf sich hielt, der mußte eine dieser »Perlen« in der Küche haben. Meistens, so ist in Prag zu erfahren, wurden diese dienstbaren Geister bei der Vorstellung genau visitiert, vor allem was die Hände betraf, denn eine Frau mit großen Händen konnte erfahrungsgemäß auch große Knödel formen. Dicklich mußten sie zudem sein, denn das warf ein gutes Licht auf die Freude am schmackhaften Essen. In Wien gehörte es zum guten Ton, daß zu Hause von einer böhmischen Köchin aufgekocht wurde. Nicht verallgemeinern läßt sich aber die These, daß nur Köchinnen aus Böhmen und Mähren auch noch in der Mitte des 19. Jahrhunderts die Szene der Koch-

Die
Bayerische Köchin
in Böhmen.

Ein Kochbuch,

das sowohl für Herrschafts- als auch für gemeine Küchen eingerichtet ist, und mit besonderem Nutzen gebraucht werden kann.

Herausgegeben

von

Maria Anna Neudecker,

geb. Ertl.

Mit Speise-Zetteln, acht Auftrag-Tafeln und einem Unterrichte in der neuesten, einfachsten und faßlichsten

Tranchirkunst.

Eilfte, mit mehreren nützlichen Recepten vermehrte Auflage.

München, 1863.
Verlag von E. A. Fleischmann.

kunst beherrscht hätten, was Mitteleuropa betrifft. Denn auch in Bayern wurde zur damaligen Zeit schon überaus gut gekocht, sonst wäre es kaum möglich gewesen, daß im Jahre 1863 im Münchner Verlag E. A. Fleischmann ein Kochbuch mit dem Titel »Die Bayerische Köchin in Böhmen« erschien mit dem Untertitel »Ein Kochbuch, das sowohl für Herrschafts- als auch für gemeine Küchen eingerichtet ist und mit besonderem Nutzen gebraucht werden kann«. Herausgeberin dieses Buches ist Maria Anna Neudecker.

Auch die Tochter des Kaisers formte gern Knödel

Am Knödelmachen soll man sich aber nicht nur in herrschaftlichen Küchen erfreut haben. Selbst zu Hofe entzogen sich adelige Frauen, die am Kochen Freude hatten, dieser Kunst nicht. So soll sich um 1630 die Kurfürstin Maria Anna, eine Tochter des Kaisers Ferdinand von Österreich, auf dem herzoglichen Hof in Schweighof bei Schleißheim, als sie mit Maximilian I. von Bayern vermählt war, am Knödelmachen ergötzt haben. Sei sei aber, so ist überliefert, von ihrer Schwiegertochter Adelheid, der Gattin von Ferdinand Maria, aufgrund dieser profanen Tätigkeit, die einer Prinzessin nicht zugemutet werden könne, gerügt worden. Doch dieser überklugen Schwiegertochter sollte jener Ratschlag mit auf den Weg gegeben werden, den Magdalena D. Rettig gut 200 Jahre später auch den herrschaftlichen Leuten erteilt hatte, als sie im Vorwort ihres Buches schrieb: »Daß die Kochkunst eine der nöthigsten und unentbehrlichsten Beschäftigungen für das weibliche Geschlecht ist, bedarf keines Beweises. Eine Frau, welches Alles kann, nur nicht kochen, ist gewissermaßen immer von ihren Dienstboten abhängig; sie muß essen, was ihre Köchin aufsetzt und zahlen, was sie ihr aufrechnet.«

Es lebe der Knödel!

»Weil die Bayern ihren Urlaub häufig lieber an fernen Ufern als zwischen Ochsenkopf und Zugspitze verbringen, haben sie auch Geschmack an fremdländischer Kost gefunden. Die Umstellung der Eßgewohnheiten schlägt sich vielfach auch auf den Speisekarten der heimischen Gaststätten nieder, wo sich die Lammkeule schon längst einen Stammplatz neben der Schweinshaxn erobert hat. Der Zug zum Fremdländischen droht auch die angestammten Trinksitten zu verwässern. Selbst eingefleischte Liebhaber des Gerstensaftes sollen schon vom Weißbier auf den Ouzo umgeschwenkt sein. Dieser unerhörte Vorgang läßt uns sogar den Ärger über den Verfall des Knödels zum Kloß leichter verdauen.«

(Aus der »Süddeutschen Zeitung«)

Seite 17: Die Knödelköchin.
Seite 18: Die Reunion beym Knödelweib.

Die Knödelköchin

Die Reunion beym Knödlweib,
auf dem Naschmarkt.
Schaut's d'Resi an, wie doch ihr Kopf z'samg'stellt is

Kloß- und Knödelpraxis

Aus: Wilhelm Busch, Die kleinen Honigdiebe.

Die Kunst des Knödelmachens im 18. Jahrhundert

Sehr ausführlich beschäftigt sich der 15. Band des »Großen vollständigen Universallexikons aller Wissenschaften und Künste, welche bißhero durch menschlichen Verstand und Witz erfunden und verbessert worden«, das im Jahre 1737 in Halle und Leipzig verlegt wurde, mit dem Knödelmachen. Unter dem Stichwort »Kloße, Knöpflein und Knötlein« ist folgende Definition (in Auszügen) über den Knödel und das Knödel- bzw. Klößemachen selbst ausführlich beschrieben:

Kloße, Knöpflein, Knötlein, seyn runde aus allerhand Fleisch, Fischen, Semmel, Mehl, Eyern, Hefen und Gewürtz, in beliebiger Größe bereitete Bälle oder Küchlein, welche hernach gar gesotten, oder in Butter gebacken, und Theils besonders in einer Brühe aufgesetzet, Theils bei gemischten Essen, Potages, und dergleichen verbrauchet werden. Bey ihrer Zubereitung ist fürnehmlich darauf zu sehen, daß sonderlich das Fleisch, so man dazu nimmt, klein gehacket, sie aber selbst wohl gewürtzet und fein lucker gehalten, auch so denn mit einem Rühr-Löffel so viel möglich, rund formiret werden, welches ein geschickter Koch gar leichte werckstellig zu machen weiß.

Klöße von Kalb-Fleisch

Wollet ihr Klöße von Kalb-Fleisch haben, machet es also: Nehmet derbes Kalb-Fleisch und schneidet alles Geäder und Haut aus, hacket es nebst einem halben Pfund Nieren-Talg, ganz klein, schlaget zwey Eyer daran, werffet Muscaten-Blühten, Salz und in Milch eingeweichete, und wieder ausgedruckte Semmel dazu, und mischet dieses alles durcheinander, daß es ganz klar wird. Hernach machet Klöße daraus, so groß als ihr sie haben wollet, welche ihr hernach besonders kochen, oder an gemischte Essen und Potagen brauchen könnet. Oder machet dergleichen Kalb-Fleisch zu rechte wie voriges, mischet auch Nieren-Talg, eingeweichete Semmel, Muscaten-Blühten, Ingber und Pfeffer darunter, rühret vier Eyer, und thut diese auch daran, menget dieses alles wohl durcheinander, salzet es, und machet daraus Klöße nach eurem Gefallen. Nach diesem setzet in einem Töpfgen Fleisch-Brühe an das Feuer, schüttet die Klöße hinein und lasset sie kochen, bereitet auch ein wenig weiß eingebrenntes Mehl, und thut es mit hinein, daß die Brühe ein wenig dikkicht werde, richtet sie hernach an, streuet geriebene Semmel mit Muscaten-Blühten und Ingber vermischet darüber, und gebet sie hin. Vom Rind-Fleische werden sie ebenso gemachet.

Klöße in Rahm-Soße

Will man Klöße in Rahm-Soße gebakken haben, so netzet geriebene Semmel mit Rahm an, und rühret sie wohl untereinander, schlaget zehen Eyer darein, würtzet es mit Muscaten-Blühten und Salz, und rühret es mit etlichen Messer-Spitzen Mehl zusammen; es muß aber der Semmel-Teig nicht dünne seyn, sondern etwas starck, damit man Stückgen als ein Klös mit einem Rühr-Löffel auffassen könne, lasset hernach Schmalz auf dem Feuer heiß werden, nehmet mit einem Löffel von obigen Teig, Stücke aus dem Topf, gleich einem Klös, leget selbige in das heisse Schmalz, und backet sie ganz gold-gelb heraus, setzet auch zugleich in einer Casserole

Magdalena D. Rettig, Autorin des Kochbuchs »Hausköchin« (siehe Seite 106).

oder Tiegel gute Milch auf das Feuer, werffet alle Zeit die heraus gebacknen Klöße hinein, so lauffen sie groß auf: Habt ihr nun derer so viel, als ihr gebrauchet, gebacken, so müsset ihr sie in der Milch eine Weile kochen lassen. Ferner schlaget drey bis vier Eyer-Dotter in ein Töpfgen, und quierlet diese klar, schüttet eine Messerspitze rohes Mehl dazu, ziehet die Milch von denen Klößen an die Eyer-Dotter, welche aber stets müssen gerühret werden, sonst rinnen sie zusammen, leget noch ein Stück Butter darein, und lasset es ein wenig dicke werden, richtet die Klöße auf eine Schüssel an, und güsset die Brühe darüber, so sind sie fertig.

Klöße mit Hefen

Mit Hefen werden sie also gemachet: Vor das erste setzet Mehl in einer irdenen Schüssel an ein warmen Ort, rühret hernach ein paar Löffel gewässerte Hefen mit laulich gemachter Milch unter das Mehl, und saltzet es, daraus ihr Klöße verfertigen sollet, deren jeder so groß, als ein Dreyer-Brod seyn muß. Diese Klöße nun setzet auf einen Küchen-Deckel, und bestreuet sie mit Mehl, setzet sie alsdenn an einen warmen Ort, so werden sie groß aufgehen, wenn sie nun gnug gegangen, so setzet einen Kessel mit Wasser auf das Feuer, und lasset es kochen, in solches thut hierauf die Klöße, welche auch kochen müssen. Inzwischen setzet in einer Casserole oder Tiegel Butter auf das Feuer, und wann sie nur zergangen, so läutert sie herunter in einen saubern Tiegel, richtet darnach die ausgekochten Klöße auf eine Schüssel an, und lasset sie mit der zerlassenen Butter zu Tische tragen, woselbst sie zerrissen, Stückweise in die Butter getuncket und verzehret werden.

Klöße von Semmel

Von Semmel machet Klöße also: Nehmet einen ziemlichen Theil geriebene Semmel, schlaget zwey auch wohl drey ganze Eyer darein, leget ein halb Pfund ausgewaschene Butter, Muscaten-Blühten und Salz dazu, würcket solches mit denen Händen oder Rühr-Löffel wohl durcheinander. Hernach setzet Wasser in einen Topf zu dem Feuer, werffet ein wenig Salz darein, und wenn dieses kochet, so leget die verfertigten Klöße, welche so groß als eine Welsche-Nuß müssen gemachet werden, hinein, und lässet sie nicht gar zu lange kochen: Bey dem Anrichten beschmieret eine Schüssel mit Butter, und thut die Klöße darauf, güsset ein wenig von der Brühe daran, streuet Muscaten-Blühten darüber, decket sie mit einer andern Schüssel zu, und lasset solche gleich zu Tische tragen. Oder nehmet den halben Theil geriebene, und den andern halben Theil eingeweichete, und wiederum ausgedruckte Semmeln, schlaget drey Eyer daran, schüttet ein wenig gehackte grüne Petersilie, Zwiebeln, Muscaten-Blühten, kleine Rosinen, ein halb Pfund ausgewaschene Butter und Salz dazu, machet den Semmel-Teig ab, wie vorigen, formiret die Klöße nach euren Gefallen, kochet sie in Rind-Fleisch-Brühe ab, und richtet sie wie die vorigen an.

Klöße von frischem Speck

Von frischen Speck werden sie also zubereitet: Schneidet ein Pfund frischen Speck ganz klein, thut solchen hernach in einen Mörsel, und stosset ihn, daß er so geschmeidig als Butter wird, thut solchen wieder heraus in einem Tiegel, und rühret ihn mit drey ganzen Eyern an, und schlaget noch acht oder neun Stück Eyer-Dotter hinein: Ferner nehmet geriebene und eingeweichte Semmel, so viel, als ihr damit den abgerührten Speck mit denen Eyern zu einem Klös-Teig zwingen könnet, salzet diesen, und schüttet Muscaten-Blühten dazu, ist der Teig etwa zu starck, so sollt ihr ein Paar Eß-Löffel voll guten Rahm daran güssen, hernach machet kleine oder grosse Klöße, nach dem ihr sie zu gebrauchen habet, so sind sie fertig. Diese werden gemeiniglich bey frischen oder geräucherten Schweinen-Fleische gekochet: Oder man schneidet Semmel und Speck, würfflicht, eines so viel als des andern, man setzet den Speck mit ein wenig Butter auf das Feuer, und wenn er geröstet hat, so thut man die vorige Semmel, und noch ein wenig klein geschnittene Semmel hinein, und lässet es zusammen rösten. Hernach schüttet man ein halb Pfund Mehl in eine andere Schüssel und rühret es mit Milch an, zu einem ziemlich starcken Teige, damit man Klöße daraus würcken könne, mische den gerösteten Speck und Semmel, in gleichen noch ein halb Pfund ganz klein würfflicht geschnittenen Speck darunter, machet Klöslein nach euerem Gefallen davon.

Knödel nicht schneiden, sondern aufreißen

Bis in unsere Tage hinein ist der Streit über die knödelmäßige Eßvorschrift noch nicht entschieden. Denn wenn man auch heute beim festlichen Tafeln überall damit beginnt, den Knödel genau wie andere Fleisch- und Mehlspeisen Stück für Stück zu schneiden, in die Soße zu tauchen und zu essen, schrieb die wohl bekannteste deutsche Kochbuchautorin unseres Jahrhunderts, Erna Horn, in ihren kulturhistorischen Betrachtungen rund um Knödel und Kloß:
Knödelmäßige Eßvorschriften gibt es nach wie vor, so darf man sie beileibe nicht schneiden, sondern muß sie aufreißen, damit sie locker bleiben und Soße schlucken können. Seit altersher gilt der Spruch:
Wer einen Knödel schneid',
ist ihn nicht wert!
Oder an einer anderen Stelle ihrer Betrachtungen:
Wird der kleinere Handknödel mit der Gabel auseinandergerissen, so ist es Tradition, den großen Egerländer Knödel mit einem starken Bindfaden in Scheiben zu schneiden. Ein Messer wäre dazu eine Beleidigung! Der große Hochzeitsknödel oder der Serviettenkloß werden schon in der Küche oben locker aufgerissen, also keineswegs geschnitten.

Küchentips fürs Knödelmachen

Aus Großmutters Kochbuch:
Kurze Anleitung. Bei der Teigbereitung ist darauf zu sehen, daß sich alle Bestandtheile gut miteinander verbinden und die Masse recht elastisch wird. Ist sie zu weich, so wird je nachdem noch etwas Mehl oder geriebenes Brot darangegeben, andernfalls Milch oder Wasser.
Kommen Semmeln dazu, so müssen sie 1–2 Tage alt sein. Gut ist es, erst ein Probekloß zu kochen, damit man sieht, ob der Teig die nöthige Konsistenz hat.
Gewöhnliche Klöße kann man mit einem Fülllöffel abstechen und einlegen, feine sowie Klößchen müssen rund gedreht werden; letztere macht man nußgroß und noch kleiner; man dreht sie mittelst zweier in kaltes Wasser getauchten Kochlöffel oder mit den Händen, die vorher gereinigt und dann befeuchtet werden.
In einem breiten Geschirr macht man reichlich gesalzenes Wasser kochend, legt soviele Klöße hinein, als darin bequem Platz haben, deckt leicht zu und kocht solange, bis sie inwendig ganz trocken geworden sind. Man kann dies an einem dünnen Hölzchen sehen, welches man hineinstößt; klebt kein Teig mehr daran, wenn man es herauszieht, so ist der Kloß gar. Leber- und Fleischklöße dürfen innen weder roth noch röthlich mehr sein.

Knödelteig

Der Kloßteig ist dann richtig angemacht, wenn er sich leicht von der Schüssel löst. Er soll weder klebrig noch zu matschig und weich sein.

*

Als Patentrezept gilt, sollen die Knödel schön locker gedeihen, daß sie beim Anmachen nicht mit normalem, sondern mit kohlensäurehaltigem Mineralwasser zubereitet werden. Das kann auch geschehen, wenn z. B. im Rezept nur die Zugabe mit Milch angegeben ist. Hier kann so verfahren werden, daß man die halbe Menge Milch und die halbe Menge Mineralwasser zugibt.

*

Bei Zugabe von Eiern zum Kloßteig ist zu sagen, daß das Eigelb bindet, Eiweiß dagegen, vor allem dann, wenn es zuvor steif geschlagen ist, den Knödelteig lockert.

*

Hat man vor, Klöße aus gekochten Kartoffeln zu kredenzen, dann soll man die Kartoffeln schon am Vortag kochen.

*

In jedem Fall werden Knödel lockerer, wenn der Teig vor dem Formen und Kochen einige Zeit ruht.

*

Bereitet man Knödel und Klöße aus der Fertigpackung, so ist zuvor die Gebrauchsanweisung genau durchzulesen und sorgfältig zu beachten, vor allem die Flüssigkeit genau abzumessen und darauf achtzugeben, ob kalte oder lauwarme Flüssigkeitszugabe vorgeschrieben ist.

*

Die besten Leberknödel erzielt man bei der Verwendung von Rindsleber. Die Knödel werden fester in der Konsistenz.

*

Bei der Zubereitung von Markklößchen empfiehlt es sich, eine Messerspitze Backpulver zuzugeben oder auch Natron, wobei der Natrongeschmack natürlich beim Kochen verflüchtet.

Knödel formen

Damit einem beim Formen der Teig nicht an den Händen kleben bleibt, tut man gut daran, Fleisch- und Fischklöße mit nassen, Mehl- und Kartoffelklöße mit bemehlten Händen zu formen. Bei abgestochenen Klößen verfährt man so, daß man den Löffel mit dem Teig zusammen so lange im siedenden Topf behält, bis sich der Kloß dann von selber löst.

Knödel kochen

Will man zuvor testen, ob man die richtige Konsistenz beim Knödelteig erwischt hat, soll man einen Probekloß formen und aufkochen lassen. Nicht immer ist das Obenschwimmen ein hundertprozentiges Zeichen für das Garsein, denn einige Knödel und Klöße haben die Eigenschaft, schon nach der halben Kochzeit an die Wasseroberfläche aufzusteigen.

*

Gibt man in das Wasser z. B. von »Knödel halb und halb« einen Eßlöffel Öl, so kann man dadurch ein gegenseitiges Ankleben oder Ankleben am Kochtopf vermeiden.

*

Knödel formen. Aus: Meggendorfer Blätter von Karl Pommerhanz (1896–1919).

Beim Kochen von Knödeln und Klößen muß man darauf bedacht sein, dafür einen möglichst großen und hohen Topf vorzusehen, damit sich die Knödel während des Garziehens gut »um die eigene Achse« drehen können. Die Wassermenge ist so zu bemessen, daß die Knödel ungefähr 5 cm überflutet sind.

*

Knödel und Klöße sollen beim Kochen nicht abgedeckt werden, um so ein besseres Beobachten zu ermöglichen.

*

Damit die Knödel bzw. Klöße schön glatt werden und gut in Form bleiben, soll man sie vor dem Einlegen in das Wasser in Mehl oder Speisestärke drehen. Bei rohen Klößen verwendet man am besten Speisestärke. Auch in das Kochwasser kann man vor dem Knödel-Einlegen einen Teelöffel Speisestärke, die zuvor in etwas kaltem Wasser angerührt wird, geben. Sämtliche Knödel müssen auf alle Fälle in kochendheißes Wasser eingelegt werden, da sie sich sonst auflösen. Das Wasser soll jedoch nicht sprudeln, sondern leise sieden.

*

Die geformten Knödel sollen in eine wallende Flüssigkeit (Salzwasser, Fleischbrühe, Fischsud) gegeben werden, damit sie nach dem Einlegen gleich weiterkochen. Nachdem die Knödel zur Wasseroberfläche aufgestiegen sind, ist bis zum Garpunkt die Temperatur zu mindern, um damit ein langsames Sieden einzuleiten.

*

Die Garprobe nimmt man am besten so vor, daß man einen Knödel mit zwei Gabeln auseinanderreißt. Dabei muß sich zeigen, ob der Knödel innen trocken und locker ist, d. h., er darf keinen mehligen oder teigigen »Stern« mehr haben.

*

Hefeknödel sind fertig gekocht, wenn eine eingestochene Stricknadel nach dem Herausziehen nicht mehr teigig ist.

*

Fleischklöße sollen grundsätzlich in Fleischbrühe statt in Wasser gekocht werden. Bei Fischklößen ist Fischsud zum Kochen zu verwenden.

*

Sind Knödel kalt geworden und sollen sie noch bei Tisch nachgereicht werden, so sind sie in kaltes Wasser zu geben, das man dann zum Kochpunkt bringt. Die Knödel dürfen aber dann nicht beliebig lange weitergekocht werden.

Knödel servieren

Was Knödel keinesfalls vertragen, ist das Warten auf ihren Verzehr. Sie müssen also vom Kochtopf her sofort serviert und gegessen werden.

*

Vor dem Servieren sind die Knödel mit einem Schaumlöffel aus dem Wasser zu hieven. Man läßt sie gut abtropfen. Und um sie möglichst warm am Tisch zu halten, tut man gut daran, eine vorgewärmte Porzellanschüssel bereitzustellen.

Knödel und Klöße »auf Eis« gelegt

Nach der Devise »einmal kochen – mehrmals essen« kann man sich auch mit Knödeln bevorraten. Das bringt den Vorteil mit sich, daß man bei einem Arbeitsgang gleich für die nächste Knödelmahlzeit Vorrat anschafft. Voraussetzung dafür ist natürlich, daß man ein Vier-Sterne-Gefrierfach hat. Bleiben also Knödel übrig, so kann man sie getrost in einen kleinen, gut verschließbaren Plastikbehälter geben und in das Gefrierfach stecken. In Plastikbeutel eingefüllt, kann man dazu auch – getrennt – die passende Soße für das nächste Mahl aufheben.
Kloß und Klößchen halten sich ohne größeren Geschmacksverlust 2–3 Monate. Aufgetaut werden die gefrorenen Knödel am besten gleich in Brühe, und zwar in kalter (!), man erhitzt diese und läßt die Knödel langsam darin ziehen. Oder man kann sie direkt in die mit Wasser verdünnte gefrorene Soße geben und bei geringer Temperatur in einem Topf auf der Kochplatte auftauen. Besonders gut bevorraten durch Einfrieren lassen sich Königsberger Klopse und Leberknödel.
Gut »in Form« bleiben die Knödel, wenn man sie, bevor sie in den Gefrierbeutel gesteckt werden, auf einer Platte vorgefriert. Dieser erste Arbeitsgang kann auch über Nacht im Kühlschrank geschehen.

Bäurin: »Bauer, lach amoi!«
Bauer: »Warum?«
Bäurin: »Damit i woas, wie groß i d'Knödel machen muß.«
(Witz aus dem Niederbayerischen)

Welche Knödel zu welchen Speisen?

Sicher gilt auch hier, daß die Knödelgeschmäcker verschieden sind, weshalb nachfolgende Hinweise über die Zuordnung der Knödelspeisen nur ein paar der guten Tips darstellen.

Böhmische Knödel
Zu Schweinebraten, Wild, Enten- und Gänsebraten, Ochsenschwanzragout, Schmorbraten, Gulasch.

Fischknödel
Zu Gemüsenudeln, Pilavreis.

Grießknödel, Topfenknödel
Zu Heidelbeerkompott, in gekochter Brühe zu Geräuchertem (z. B. Wammerl).

Hasenknödel
Zu Pilzgerichten, als Einlage in klare Pilzsuppe und Wildkraftbrühe.

Hefeklöße
Zu sauren Nieren, Gulasch, zu allen dickeren Soßengerichten.

Hirnknödel
Zu Spinat, Salzkartoffeln, als Einlage in klare Kalbsschwanzsuppe mit Estragonblättern.

Gekochte Kartoffelknödel
Zu Schweinebraten, Sauerbraten, Rinderbraten.

Käseknödel
Als Einlage in Hühnerkraftbrühe mit Gemüsestreifen.

Knödel halb und halb
Zu Schweinebraten, Enten- und Gänsebraten, Rinderbraten, Gulasch.

Leberknödel (gebacken)
Als Einlage in Rindssuppe und Hühnerbrühe, zu Kraut, Geräuchertem, Speckbrotzeiten.

Pilzknödel
Zu Wildgerichten, als Einlage in klare Suppen.

Reibeknödel
Zu Schweinebraten, Enten- und Gänsebraten, Rehbraten, Rehragout.

Sächsische Klöße
Zu Backobst.

Schwemmklößchen
Als Einlage in Gemüsesuppen, Fleischsuppen, Obstsuppen.

Seidene Klöße
Zu Sauerbraten, gekochtem Gemüse, Wildragout.

Semmelknödel
Zu Schweinebraten, Wildgerichten, saurer Lunge, Pfifferlingen in Rahm, Rehragout, Kalbsbraten.

Serviettenknödel
Zu Rinderbraten, Kalbsbraten, Sauerbraten, gekochtem Sauerkraut, Pilzgerichten.

Thüringer Klöße
Zu Schweinebraten, Enten- und Gänsebraten.

Tiroler Speckknödel
Zu Kraut, Geräuchertem, auch als Suppeneinlage.

Schnell d'Gab'l her und's
Messa g'wetzt –
d'Knödl kemman jetzt.
(Spruch aus dem
Niederbayerischen)

Knödelhilfe zum Bleichen von rohen Kartoffeln

Schon von jeher gehört es zum besonderen Stolz und zur Ehre der Hausfrau und natürlich auch des professionellen Kochs, Kartoffelknödel bzw. Reibeknödel möglichst hellfarben (»weiß« im sprachlichen Umgang) auf den Tisch zu bringen. Und da geschälte Kartoffeln die Eigenschaft haben »nachzudunkeln«, griff man zu einem Hilfsmittel. Die geschälten, rohen Kartoffeln wurden in einen möglichst großen Topf getan, in dessen Mitte eine halbe Eierschale gestellt wurde, in der man einen Schwefelstreifen anzündete und darauf den Topf mit einem dichten Deckel solange verschloß, bis der Schwefel verbrannte, die Kartoffeln also geschwefelt waren. Anschließend mußten die geschwefelten Kartoffeln mit kaltem Wasser übergossen werden.

Heute gibt es einfachere Hilfsmittel, um Knödel und Klöße weiß zu erhalten, nämlich die »Knödelhilfe«, so der Name auf den kleinen Päckchen, die in fünf Gramm Portionen erhältlich sind. Diese »Knödelhilfe« dient zum Bleichen und zur Farberhaltung von rohem Kartoffelteig, Reibekuchenteig, Meerrettich, Obst und Gemüse.

Und so wird's gemacht: Beutelinhalt, ausreichend für 7 kg Kartoffeln, in 3 l Wasser geben und vor dem Pressen unter die rohen Kartoffelreibsel rühren. Preßwasser weggießen. Bei Herstellung im Entsafter ist der Beutelinhalt für 10 kg rohen Kartoffelteig ausreichend.

Rezepte

Monogramm-Vignette von Ludwig Richter.

Knödel als Suppeneinlagen

Knödel als Suppeneinlagen galten seit jeher nicht nur als Delikatesse für eine breite Schicht der Bevölkerung, sondern waren auch zu Hofe »salonfähig«. Kein Wunder, daß der Bayernkönig Ludwig II. auf die festlichen Menükarten in französischer Sprache die Hechtknödel (Quenelles de brochet) und eine simple Suppe mit Kartoffelknödeln (Consommé aux quenelles de pommes de terre) setzen ließ. Knödelsuppen durften auch bei einer Hochzeit oder beim Primizmahl eines Geistlichen, bei fürstlichen Empfängen und dergleichen Anlässen nicht fehlen. Sie waren Tafelfreuden, von denen man noch lange sprach.
Kein Wunder, wenn man heute in alten Kochbüchern blättert und darin Köstlichkeiten findet, die einem buchstäblich das Wasser im Munde zusammenlaufen lassen. Die berühmte böhmische Köchin und Kochbuchautorin Magdalena D. Rettig hat unter den mannigfaltigen, von ihr ausprobierten und überlieferten Leckerbissen auch eine besonders köstliche Suppe mit Krebs- und Leberknödeln aufgeschrieben. Hier das Rezept, ausreichend für sechs Personen.

Krebs- und Leberknödel
(Originalrezept)

»Hacke von einer Henne die Brust mit zehn Krebsschweifeln und 35 Gramm (2 Loth) Rindsmark klein, gib dazu zwei gerührte Eier und eine halbe abgeriebene, im Schmetten geweichte ausgedrückte Semmel, salze und würze es mit Muskatenblüte, dann mache daraus ganz kleine Knöderln, höchstens so groß, wie die kleinsten Haselnüsse, koche sie in der abgeseihten Rindsuppe, worin auch das Übrige von der Henne gekocht hat, und lege sie in die Suppenschüssel. Hacke die rohe Leber von der Henne wieder mit Krebsschweifeln und 18 Gramm (1 Loth) Rindsmark, gib es auf eine Schüssel, schlage dazu ein ganzes Ei und einen Dotter, gib dazu ein bißchen Krebsbutter und zwei Löffel voll geriebener altbackener Semmelbröseln, und ist es dünn, also noch mehr, salze und würze es mit Muskatenblüte, treibe es recht ab und dann mache daraus wie ein Federkiel dünne längliche Knöderln, koche sie in derselben Suppe, gib sie zu den ersteren und gieße die Suppe, worin dies alles gekocht hat, mit Muskatenblüte gewürzt und mit einem Löffel voll Krebsbutter geziert, darüber.«

*

Zwar nicht ganz so köstlich, aber vielleicht aufgrund der Tatsache, daß man hierzu keine so teuren Köstlichkeiten wie Krebsschwänze braucht, ist die von Magdalena D. Rettig empfohlene Suppe mit gebackenen Knödeln. Das Rezept findet sich ebenfalls in der von ihr 1888 herausgegebenen Kochrezeptesammlung »Hausköchin«.

Suppe mit gebackenen Knödeln
(Originalrezept)

»Koche entweder einige Kalbsbrieschen, oder geklopfte Kalbschnitzeln ohne Fett, oder ein Hühnchen, und schneide es auf kleine Stückchen; dann schneide frische junge Pilze, wasche sie in kaltem Wasser aus und

Allerhand
Knöpflein zu Suppen. *)

69. Knöpflein zur Suppe a la Rehne.

Das weisse Hühnerfleisch wird mit einem kleinen Stücklein sauber abgehäutelten frischen Rinds Nierenfett (Griff), mit einem klein wenig Peterlingkraut, Citronenschaalen, und etlichen Schalottenzwiebeln recht fein gehackt oder gewiegt. Wann es halb klein ist, so reibt man von einem halben Kreuzerbrode die Rinde ab, schneidet es zu dünnen Schnittlein, weicht es mit ein wenig süßem Raume an, und thuts dazu. Mit diesem wird es vollends recht fein gearbeitet (gewiegt), hernach noch mit einem Ey im Mörsel gestoßen, Salz und ein wenig Muskatenblüthe dazu gethan. Daraus werden nun kleine Knöpflein gemacht, und in siedender Fleischbrühe gekocht. Sollte der Teig zu dick seyn, so kann man noch ein Ey darein schlagen; ist er aber zu dünne, darf noch etwas Semmelmehl dazu genommen werden.

*) NB. Diese folgende Knöpflein können statt der Brodschnitten zu Suppen gebraucht werden.

Aus: Augsburgisches Kochbuch (siehe Seite 96).

laß sie mit kleingeschnittener grüner Petersilie auf Butter dünsten; wenn sie austrocknen, gib dazu das kleingeschnittene Fleisch und vier zerquirlte Eier, salze es gehörig und würze es mit Muskatenblüte, dann rühre es wie gerührte Eier und laß es ein wenig auskühlen; hierauf mache davon nach Belieben große Häufchen (z. B. wie eine kleine wälsche Nuß) auf Oblaten, welche mit einem aufgeschlagenen Ei benetzt sein müssen, ballire sie schön rund wie Knöderln, tunke sie in ein aufgeschlagenes Ei, zuletzt ballire sie in geriebener Semmel und laß sie in heißem Schmalz schön goldgelb backen; dann gib sie in die Schüssel und gieße darüber entweder die Schwammerlsuppe oder eine andere, mit ein bißchen weißer Einbrenn eingebrennte Suppe. Anstatt Pilzen kann man auch Morcheln oder Champignons nehmen.«

*

Der über den Kontinent der alten Welt meist verbreitete Knödel als Suppeneinlage ist wohl der Leberknödel. Und das seit altersher. Landschaftlich wie nationalitäten-verschieden gibt es auch hier keineswegs ein Knödel-Einerlei, sondern ein Knödel-Allerlei.

Leberklöße
(Originalrezept)

»Für 4–6 Personen als Hauptschüssel ½ bis ¾ Pfund Kalbsleber wird abgehäutet, in kleine Stücke geschnitten und dann recht fein gehackt und durch ein Sieb gestrichen. Auch kann man sie in einem Stück lassen und mit einem scharfen Messer sehr fein schaben, was flinker geht. – Dazu mischt man 70–100 g feingehackten Speck, 1 ebensolche Zwiebel, 125–200 g in feine Würfel geschnittene (und in Fett gelb gebratene) Semmel, Pfeffer oder Muskatnuß, 3 Eier mit wenig kaltem Wasser glatt geschlagen und soviel Milch als nöthig ist, den Teig zu binden. Will man bei dem gleichen Gewicht Leber mehr Klöße bekommen, so wird die Semmelportion entsprechend vergrößert. Man rollt halbfaustgroße Klöße davon oder man legt sie mit einem in Wasser getauchten Löffel ein in gesalzenes, brausendes Wasser, in welchem man sie kochen läßt, bis sie innen trocken geworden und nicht mehr blutig sind. Man giebt sie mit brauner Butter, oder mit einem Beiguß von Kapern, oder von Sardellen, oder auch mit einer Schüssel Sauerkraut zu Tische.«

*

Wenn wir auch hier den bayerischen Leberknödel zuallererst nennen, so soll das kein Privileg sein dafür, daß der in Süddeutschland gekochte oder auch herausgebackene Knödel als Suppenbeilage allein der allerbeste wäre, denn auch die Leberknödel der Nachbarn stehen dem nicht nach.

Bayerische Leberknödel

6–8 alte Semmeln, ¼ l Milch,
250 g Rindsleber, 2 Eier,
1 TL gewiegte Zitronenschale,
1 Prise Salz, 1 Sträußchen Petersilie,
Majoran, Pfeffer, 1 EL Mehl,
1 kleine Zwiebel, 50 g Fett (Butter oder Knochenmark)

Im süddeutschen Raum kann man Knödelbrot, also bereits geschnittene, alte Semmeln, beim Metzger oder beim Bäcker kaufen. Ansonsten wird das alte Brot in ganz dünne

Scheiben geschnitten. Dieses Semmelbrot wird dann mit der kochenden Milch überbrüht und zugedeckt, damit es durchweicht. Die Leber muß durch den Fleischwolf gedreht werden. Bevor aber die durchgedrehte Leber dem Knödelteig hinzugegeben wird, werden die Eier darübergeschlagen und die Gewürze hinzugegeben, ebenso das Mehl. Die Zwiebeln werden zuvor in Butter leicht angedünstet. Sollte sich der Teig beim Kneten als zu weich erweisen, kann mit Semmelbröseln etwas zur Festigkeit beigetragen werden. Die mit nassen Händen geformten Knödel werden in leicht gesalzenes Wasser gegeben, in welchem sie einmal aufgekocht und dann zum Ziehen gut 20 Minuten beiseite gestellt werden. Serviert werden sie in heißer Fleischbrühe, am besten Rindssuppe, oder zum Sauerkraut oder zu Geräuchertem. Mit ein bißchen Petersilie bestreut, wirken sie beim Servieren noch attraktiver.
Wird ein bißchen Knoblauchgeschmack gewünscht, so schadet es keinesfalls, wenn man beim Vermengen des Knödelteigs ein bis zwei Zehen ausgepreßt hinzugibt.

Leberknödel mit Hackfleisch

50 g geräucherter Speck,
2 Zwiebeln,
50 g Butter oder Margarine,
250 g Rindsleber,
100–150 g Hackfleisch, ¼ l Milch,
2 alte Semmeln, 2 Eier,
1 Sträußchen Petersilie,
Salz, Muskat,
Majoran, Pfeffer

Der feingehackte Speck und die Zwiebeln werden in Butter oder Margarine leicht gedünstet, bevor sie der im Fleischwolf durchgedrehten Leber und dem Hackfleisch sowie den in etwas Milch (¼ l) eingeweichten Semmeln, den Eiern und der feingehackten Petersilie nebst Gewürzen hinzugegeben werden. Das Ganze muß gut durchgemischt und durchgeknetet werden, wobei man sich natürlich auch einer Küchenmaschine mit Knethaken bzw. Rührstab bedienen kann. Falls die Teigmasse zum Formen der Knödel noch zu klebrig ist, mischt man einen oder zwei Eßlöffel Mehl oder Grieß darunter. Da sich die Knödel »freischwimmen« müssen, ist darauf zu achten, daß sie in dem mit Salzwasser oder auch schon mit Fleischbrühe gefüllten Topf genügend Platz haben. Zum Garziehen brauchen die Knödel rund 15 Minuten.

Leberklößchen mit Kalbs- oder Poulardenleber

500 g durchwachsenes
Schweinefleisch,
500 g Kalbs- oder Poulardenleber,
200 g Knödelbrot
(feingeschnittenes Weißbrot),
1 Zwiebel, Salz,
Pfeffer, 3 Eier,
Petersilie, Schnittlauch

Fleisch, Leber, Weißbrot und die Zwiebel werden gemeinsam durch den Fleischwolf gedreht, mit Salz und Pfeffer abgeschmeckt, die Eier hinzugegeben, die Petersilie und der Schnittlauch darübergestreut. Diese Leberklößchen werden am besten mit dem Löffel abgestochen und in die Fleischbrühe gegeben, in der sie garziehen müssen. Die kleinen Klößchen, die man auch zu kleinen Bällchen formen kann, werden in heißer Fleischbrühe serviert.

Leberknödel nach Elsässer Art

500 g Schweineleber, 100 g mageres Schweinefleisch, 1 Zwiebel, 3 Knoblauchzehen, 1 Lauchstange (der weiße Teil ist zu verwenden), 1 Sträußchen Petersilie, 50 g Mehl, 1 Prise Salz, 1 Prise Pfeffer, 2 Eier

Auch hier werden Leber und Schweinefleisch, Zwiebel und Knoblauch, Lauch und Petersilie durch den Fleischwolf gedreht. Das Mehl wird eingearbeitet, die Masse mit Salz und Pfeffer abgeschmeckt und dann die Eier zugegeben. Auch hier kommt es auf ein sorgfältiges Durchkneten der Teigmasse an. Am besten formt man die Knödel auf einem mit Mehl bestreuten Nudelbrett. Sind die Knödel wohl geformt, gibt man sie in siedendes Salzwasser und läßt sie dort gute 15 Minuten ziehen, bis sie an die Oberfläche steigen. Will man den Knödeln noch eine besondere Würze verleihen, so kann man sie in Fleischbrühe garen lassen.

Fleischklößchen aus Bratwürstchen

6–8 Bratwürstchen, 2 EL Mehl, 2 Eigelb, 2 EL Sahne, 2 EL Butter, 1 l Fleischbrühe

Das Brät der frischen Bratwürstchen wird gut mit den übrigen Zutaten vermengt. Eventuell ist beim Abschmecken das Ganze noch mit etwas Pfeffer, Salz oder Muskat zusätzlich zu würzen. Aus dem gut durchgekneteten Knödelteig werden mit einem kleinen Löffel Klößchen abgestochen und in die kochende Fleischbrühe gegeben. Nach zehnminütigem Durchziehen können die Fleischklößchen in der Fleischbrühe serviert werden.

Fleischklößchen

1 alte Semmel, 1 TL feingehackte Zwiebel, 1 EL Butter oder Margarine, 250 g Fleisch (Rind- und Schweinefleisch gemischt), 1 Ei, Salz, Pfeffer

Die zuvor in etwas lauwarmem Wasser eingeweichte, dann aber wieder ausgepreßte Semmel wird gemeinsam mit der gehackten Zwiebel leicht in Fett angebräunt. Das Fleisch dreht man am besten gleich zweimal durch den Fleischwolf und gibt dann die übrigen Zutaten hinzu. Die Masse muß gut durchgeknetet sein, bevor der Teig dann, in kleine Knödel geformt, in kochendes Salzwasser oder auch in Fleischbrühe gegeben wird, wo man die Klößchen rund 10–15 Minuten ziehen läßt. Auch Fleischklößchen serviert man am besten in heißer Fleischbrühe.

Klößchen aus Kalbfleisch

150 g mageres Kalbfleisch, 5 EL Sahne, Salz, Pfeffer, 2 Eigelb

Das Fleisch wird in feine Streifen geschnitten und mit 1–2 Eßlöffeln Sahne vermischt. Salz und Pfeffer kommen hinzu. Alles zusammen wird in der Küchenmaschine oder im Fleischwolf püriert. Den Rest der Sahne und Eigelb werden vor dem Kneten hinzugegeben, die Masse soll möglichst locker bleiben. Von dem Fleischteig werden kleine Klößchen mit einem Teelöffel abgestochen und in bereits siedendem Salzwasser gegart.

Oben: Die Knödel-Madonna. Teil aus dem Freskenzyklus „Geburt Christi" (1280) in der Burgkapelle von Hocheppan.
Unten: Die Knödelwerferin. Brunnenfigur in Deggendorf/Niederbayern.

Thüringer Klößchensuppe

250 g gekochtes Kalbfleisch, 4 EL Butter, 4 EL Mehl, 2 Eigelb, 2 EL Sahne, Pfeffer, Salz, geriebene Muskatnuß, 1 l Fleischbrühe

Das Fleisch wird zweimal durch den Fleischwolf gedreht, mit der schaumig gerührten Butter und dem Mehl vermischt, bevor das Eigelb und die Sahne sowie die Würzmittel zugefügt werden. Die Fleischklößchen werden mit einem kleinen Löffel abgestochen und in die kochende Fleischbrühe gegeben, in der sie 10–15 Minuten gegart und sofort serviert werden.

Markklößchen

80–100 g Rindermark, 2 Eier, 100 g altes Weißbrot, Salz, Pfeffer, Muskatnuß, 1 TL Schnittlauch, 1 Sträußchen Petersilie

Das Rindermark wird aus dem Knochen gelöst, fein geschnitten und bei milder Hitze zerlassen. Ist das Ganze etwas abgekühlt, wird das Mark schaumig gerührt, die Eier beim Rühren hinzugegeben und auch das geriebene Weißbrot. Nach dem Würzen mit Salz, Pfeffer und Muskatnuß werden der feingehackte Schnittlauch und die Petersilie daruntergemengt. Um gleich große Markklößchen zu erzielen, soll man den Teig in kleine Stücke zerteilen, rollen und dann zu etwa walnußgroßen Klößchen formen. Abschließend kann das Ganze noch mit etwas Mehl bestäubt werden, wodurch sich die Klößchen leichter formen lassen.

Kartoffelknödel zum Schweinebraten.

In siedender Fleischbrühe müssen die Klößchen 8–10 Minuten garen, bis sie wieder an die Oberfläche kommen. Ist der Teig zu fest, kann man ein bißchen Wasser bzw. Milch oder saure Sahne hinzumischen. Ist er zu klebrig, gibt man Mehl darunter.

*

Aus »Altadeliges bayer'sches Koch- und Konfektbuch für alle Stände aus dem Nachlasse einer berühmten Gräfin, erschienen in München im Jahre 1832«, stammt das folgende Rezept.

Gute Markknödel
Vom Hrn. Pater Rudolph
v. Tegernsee

»Auf 1 Vierling Mark 6 Eierdotter, 1 Kreuzersemmel, die Krume davon geschnitten, in Milchrahm geweicht, die Brust von einem gesottenen Kapaun oder von einer gesottenen Henne; das Mark muß roh seyn, und alles muß auf's Kleinste gehackt werden, je kleiner, desto besser.«

Petersilienklößchen

2 EL Butter, 2 Eier, 4 EL Mehl, 1 Tasse Milch, 1 Prise Salz, Muskatnuß, 1 TL feingehackte Petersilie

Die flaumig gerührte Butter wird mit den Eiern verrührt. Dann werden Mehl und Milch beigemischt und so lange gerührt, bis eine feste Masse entsteht. Dann erst die Gewürze darüberstreuen und vermengen. Die Petersilienklößchen sticht man mit einem Teelöffel ab und gibt sie in die Fleischbrühe, wo man sie 3–5 Minuten ziehen läßt.

31. Suppe mit Lungenknöderln.

Hacke weichgekochte Lunge von einem jungen Lamm oder von einer jungen Ziege klein, hacke darein ein Stückchen rohes Kalbfleisch, gib dazu eine halbe abgeriebene, im Wasser geweichte ausgedrückte Semmel, vier gerührte Eier, ein bischen Salz, Rindsmark und grüne Petersilie, hacke alles recht fein und treibe es auf einer Schüssel noch recht ab; dann koche die Knöderln wie kleine Nocken entweder in die Suppe Nr. 17, oder in eine gute Rindsuppe ein; die Leber aber schneide roh auf längliche kleine Schnitzeln, laß sie mit kleingeschnittener Zwiebel schön braun braten, gib selbe in die Suppenschüssel, gieße die Suppe darüber und trage sie auf.

32. Suppe mit gebackenen Knöderln.

Koche entweder einige Kalbsbrieschen, oder geklopfte Kalbschnitzeln ohne Fett, oder ein Hühnchen, und schneide es auf kleine Stückchen; dann schneide frische junge Pilze, wasche sie in kaltem Wasser aus und laß sie mit kleingeschnittener grüner Petersilie auf Butter dünsten; wenn sie austrocknen, gib dazu das kleingeschnittene Fleisch und vier zerquirlte Eier, salze es gehörig und würze es mit Muskatenblüte, dann rühre es wie gerührte Eier und laß es ein wenig auskühlen; hierauf mache davon nach Belieben große Häufchen (z. B. wie eine kleine wälsche Nuß) auf Oblaten, welche mit einem aufgeschlagenen Ei benetzt sein müssen, ballire sie schön rund wie Knöderln, tunke sie in ein aufgeschlagenes Ei, zuletzt ballire sie in geriebener Semmel und laß sie in heißem Schmalz schön goldgelb backen; dann gib sie in die Schüssel und gieße darüber entweder die Schwammerlsuppe Nr. 25, oder gedünstete Nr. 17, oder eine andere, mit ein bischen weißer Einbrenn eingebrennte Suppe. Anstatt Pilzen kann man auch Morcheln oder Championen nehmen.

Aus: Hausköchin (siehe Seite 106).

Semmelklößchen

2 EL Butter, 1 Eier, 1 Prise Salz, 3 EL Semmelbrösel

Die Butter wird zuerst schaumig gerührt, dann das geschlagene Ei und das Salz hinzugegeben sowie die Semmelbrösel und alles zu einem geschmeidigen Teig geknetet. Damit die Klößchen locker werden, soll man den Teig rund ½ Stunde stehen lassen. Dann walnußgroße Klößchen formen, die in Fleischbrühe 5 Minuten langsam gekocht werden müssen. Mit Fleischbrühe servieren.

Speckknödel

70 g Speck, ¼ l Milch, 150 g Weizengrieß, 1 Ei, 1 Prise Salz

Der Speck wird in kleine Würfel geschnitten und in einer Pfanne geröstet. Anschließend gießt man die Milch dazu, bis sie leicht kocht, um dann den Grieß damit so lange zu vermengen, bis eine teigige Masse entsteht. Die Pfanne vom Herd nehmen, das Ei hinzugeben, salzen, den Teig kräftig durchkneten und dann zu walnußgroßen Knödeln formen. Salzwasser aufkochen lassen und die Knödel darin garen. In heißer Rindssuppe servieren.

Schinkenklößchen

50 g Butter, 2 Eigelb, 1 TL Petersilie, 100 g Schinken, Salz, Pfeffer 2 Eiweiß, 50–80 g Semmelbrösel, 1 EL Mehl

Butter und Eigelb werden schaumig geschlagen und mit der feingehackten Petersilie und dem feingehackten Schinken vermengt, dazu Salz und Pfeffer als Würze. Mit dem Schneebesen schlägt man das Eiweiß und gibt es mit den Semmelbröseln und dem Mehl zum Knödelteig. Zu kleinen Klößchen geformt, werden diese in das leicht kochende Salzwasser gegeben, wo sie rund 10 Minuten ziehen. Serviert werden sie am besten in Rindssuppe.

Hirnknödel

1 Kalbshirn, 1 Zwiebel, 1 Sträußchen Petersilie, 30 g Butter, 2 Eigelb, 50 g Semmelbrösel, 1 Tasse Milch, 1 EL Mehl, 1 Prise Salz, 2 Eiweiß

Nachdem das Kalbshirn gehäutet und gewaschen ist, gibt man die kleingehackte Zwiebel und Petersilie hinzu, um es dann in Butter leicht zu dünsten und zu verrühren. Eigelb und Semmelbrösel, Milch und Mehl werden mit Salz und dem Eiweiß ebenfalls vermengt und mit der Hirnmasse gut verrührt. Das Ganze läßt man ½ Stunde stehen, um anschließend kleine Knödel zu formen, die in Fleischbrühe aufgekocht und heiß zu Tisch gebracht werden.

Kartoffelklößchen

80 g Butter, 1 Ei, 350 g Kartoffeln, 50 g Mehl, Muskatnuß, 1 Prise Salz

Die flaumig gerührte Butter wird mit dem Ei und den zuvor gekochten, geschälten und passierten Kartoffeln sowie dem Mehl verknetet. Dazu gibt man Muskatnuß und Salz. Zwischen beiden Händen formt man walnußgroße Knödel, die in Salzwasser ca. 10 Minuten gekocht und in heißer Rindssuppe serviert werden.

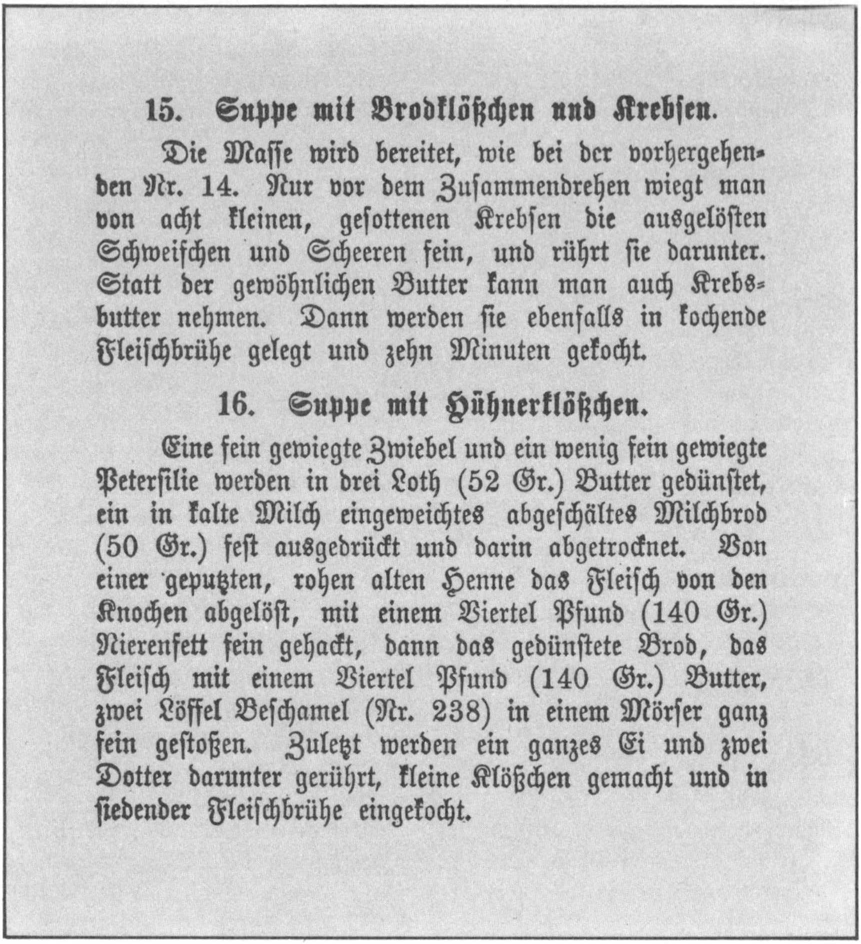

15. Suppe mit Brodklößchen und Krebsen.

Die Masse wird bereitet, wie bei der vorhergehenden Nr. 14. Nur vor dem Zusammendrehen wiegt man von acht kleinen, gesottenen Krebsen die ausgelösten Schweifchen und Scheeren fein, und rührt sie darunter. Statt der gewöhnlichen Butter kann man auch Krebsbutter nehmen. Dann werden sie ebenfalls in kochende Fleischbrühe gelegt und zehn Minuten gekocht.

16. Suppe mit Hühnerklößchen.

Eine fein gewiegte Zwiebel und ein wenig fein gewiegte Petersilie werden in drei Loth (52 Gr.) Butter gedünstet, ein in kalte Milch eingeweichtes abgeschältes Milchbrod (50 Gr.) fest ausgedrückt und darin abgetrocknet. Von einer geputzten, rohen alten Henne das Fleisch von den Knochen abgelöst, mit einem Viertel Pfund (140 Gr.) Nierenfett fein gehackt, dann das gedünstete Brod, das Fleisch mit einem Viertel Pfund (140 Gr.) Butter, zwei Löffel Beschamel (Nr. 238) in einem Mörser ganz fein gestoßen. Zuletzt werden ein ganzes Ei und zwei Dotter darunter gerührt, kleine Klößchen gemacht und in siedender Fleischbrühe eingekocht.

Aus: Regensburger Kochbuch (siehe Seite 101).

Reisklößchen

100 g Reis, ¼ l Fleischbrühe, 1 Ei,
1 TL Butter, 1 TL Curry,
1 TL Petersilie, 2 EL Semmelbrösel

Der Reis muß in der kochenden Fleischbrühe in ungefähr 15 Minuten gar quellen. In noch warmem Zustand wird er mit den übrigen Zutaten vermengt und zu kleinen Klößchen geformt, die in kochendem Salzwasser in ungefähr 10 Minuten garziehen. Diese Reisklößchen eignen sich besonders als Einlage in Tomatensuppe.

Fränkische Hochzeitssuppe

250 g Butter, 6 Eier,
250 g Semmelbrösel, Salz, Muskat

Nachdem man die Butter schaumig gerührt hat, werden die Eier und die Semmelbrösel hinzugegeben. Dann wird das Ganze mit Salz und Muskat abgeschmeckt, gut durchgerührt und ½ Stunde zum Ziehen zur Seite gestellt. Zu kleinen Klößchen geformt, 10–15 Minuten gekocht und in der Brühe serviert, zählen sie in Franken wie auch in Schwaben zum hochzeitlichen Festschmaus.

Käseklößchen

3 EL Parmesan,
2 EL Kartoffelmehl,
1 Ei, 5 Eigelb,
Geflügelglace, Pfeffer,
Muskat, Salz

Der Parmesankäse, Kartoffelmehl, das Ei, Eigelb und Geflügelglace werden gut vermengt und entsprechend gewürzt, zu einem Teig gut durchgeknetet und daraus ca. 3 cm große Klößchen geformt. Sie müssen 10–15 Minuten garziehen in einer Suppe mit grünen Erbsen, Spargelspitzen und kleingewürfelten Karotten.

Schwemmklößchen

¼ l Milch, 30 g Butter,
125 g Mehl, 3 Eier,
Salz, Muskat

Die Milch wird gemeinsam mit der Butter leicht aufgekocht, anschließend das Mehl hinzugefügt und alles so lange verrührt, bis die Masse einen großen Kloß bildet, der sich leicht vom Topfboden löst, bzw. bis der Teig am Löffel hängen bleibt. Die Eier werden dann nacheinander eingerührt und der Teig mit Salz und Muskat abgeschmeckt. Von dem Schwemmklößchenteig sticht man mit einem angefeuchteten Teelöffel Klößchen ab und gibt sie in heißes Wasser, wo sie in ca. 3 Minuten garziehen. Gut zu servieren sind Schwemmklößchen in Fleisch- und Gemüsesuppen.

Milzknödel gebacken

3 alte Semmeln, 150 g Rindermilz,
⅛ l Milch, 1 Ei,
1 Prise Salz, Pfeffer,
Majoran,
1 TL abgeriebene Zitronenschale,
1 Knoblauchzehe,
3 EL Semmelbrösel,
Fett zum Ausbacken

Die Semmeln werden fein geschnitten, die Milzstücke durch den Fleischwolf gedreht. Darüber gibt man die Milch und das Ei. Gemeinsam mit Salz, Pfeffer, Majoran, der geriebenen Zitronenschale und der fein zerdrückten Knoblauchzehe wird der Teig vermengt und geknetet, zusammen mit den aufgeschnittenen Semmeln. Mit der Zugabe der Semmelbrösel wird das Ganze etwas konstanter gebunden. Die wohlgeformten Knödel werden in das schwimmende Fett gegeben und gebacken, bis sie goldgelb sind. Dann nimmt man sie wieder heraus und gibt sie zum Servieren in eine ebenfalls gut erhitzte Fleischbrühe.

Klößchen und Knödel aus Fisch

Freilich, mit einem Schnellgericht kann man eine Fischklößchensuppe nicht vergleichen, da der Arbeitsaufwand ein ganz erheblicher ist. Nachdem der Fisch gekocht ist, sollen die Gräten möglichst entfernt werden, wenn auch in manchen Kochbüchern steht, daß es ausreiche, Fischfleisch zweimal durch den Fleischwolf zu drehen, um jegliche Gräten so zu zerkleinern, daß sie nicht mehr stören.
Zuvor aber von der böhmischen Köchin Magdalena D. Rettig ein Fischsuppenrezept mit Knöderln.

Braune Fischsuppe mit Knöderln
(Originalrezept)

»Laß auf einem Reindel ein Stück Butter heiß werden, gib darein einige Stücke Fisch, gelbe Rüben, Petersiliewurzeln, Sellerie, Braunkohl, einige Körner Neugewürz, ganzen Ingber, Muskatenblüte, Gewürznelken, Zwiebel, und laß alles schön braun dünsten, nur nicht anbrennen. Indessen bereite in einem Topfe Petersilienwasser, dann gieße es auf das Gedünstete und laß es eine halbe Stunde kochen; hernach seihe es durch, laß ein Stückchen Zucker braun rösten, gib ihn dazu, und sollte es herb sein, also auch ein Stückchen weißen Zucker, würze es mit Muskatenblüte und gieße es über die Knöderln, welche wie folgt gemacht werden:
Hacke ein Stückchen Karpfenfleisch klein, gib dazu ein Stück abgeriebene, in Wasser oder in Milch geweichte, ausgedrückte Semmel, drei gerührte ausgekühlte Eier, und hacke alles recht klein; dann treibe ein Stückchen frische Butter ab, gib das Gehacke darein, salze es, würze es mit Muskatenblüte, Gewürznelken, Lemonieschale, gib dazu 1 oder 2 Zehen, gut mit Salz zerriebenen Knoblauch und ein bißchen Majoran, arbeite alles wohl ab, oder stoße es in einem messingenen Mörser; nun mache daraus kleine Knöderln, schmiere eine Schüssel mit Butter aus, lege die Knöderln darauf, decke die Schüssel mit Papier zu und laß die Knöderln im Dunste kochen, dann gieße die braune Suppe darüber und trage sie zur Tafel. – Man kann die Knöderln auch, statt im Dunste zu kochen, in heißem Schmalz backen, dann in der Suppe ein wenig aufkochen lassen, so sind sie noch besser.«

*

Wohl die bekanntesten Fischklößchen sind die Hechtklößchen, oder wie sie französisch heißen: Quenelles de brochet.

Hechtklößchen in Champagnersoße

1 Hecht von gut 1 kg, Salz, Pfeffer,
2 Eier, 2 Eiweiß, 1/8 l Sahne,
1 kleine Zwiebel,
1 Bund Suppengrün, 1 1/2 l Wasser,
1 Becher Sahne (200 g), 30 g Butter,
1/2 l Champagner oder Sekt

Bevor man an die Sache herangeht, soll der Hecht möglichst filetiert, das Fleisch also von den Gräten befreit sein. Das Hechtfleisch wird dann im Fleischwolf oder in einer Küchenmaschine sehr fein püriert. Leicht gesalzen, stellt man den ganzen Brei 1 Stunde in den Kühlschrank. Dann erst wird mit Pfeffer gewürzt. Die

Eier und das geschlagene Eiweiß sowie die Sahne werden hinzugegeben und schaumig geschlagen. Es kann nicht schaden, das Ganze nochmals in den Kühlschrank zu geben.
In der Zwischenzeit werden die Fischabfälle gemeinsam mit der zerkleinerten Zwiebel und dem Suppengrün in dem Wasser ausgekocht. Von dem abgesiebten Sud hält man ½ l für die Soße zurück. Der Rest wird erneut zum Sieden gebracht. In diesen Fischfond werden dann die mit dem Teelöffel geformten Klößchen gegeben. Das Wasser soll dabei nicht kochend aufquellen, sondern nur sieden, damit sich die Klößchen nicht auflösen.
Nun muß sofort die Zubereitung der Soße folgen, wobei der aufgehobene Fischfond gemeinsam mit der steifgeschlagenen Sahne eingekocht wird. Die Soße kann noch mit etwas Butter verfeinert werden. Zum Schluß kommt der Champagner hinzu. Die Fischklößchen werden in eine heiße Schale gegeben, die Soße wird darübergegossen und unmittelbar darauf serviert. Am besten passen Reis und grüner Kopfsalat als Beilagen.

Fischbällchen finnische Art

500 g Kabeljau- oder Rotbarschfilet,
2–3 Anchovisfilets, 1 Semmel,
1 Zwiebel, 50 g Butter, 2 Eier,
1½ EL Mehl, 2 EL Aquavit,
1 EL Zitronensaft, 1 Wacholderbeere,
Pfeffer, Salz, 5 EL Semmelbrösel,
Fett zum Backen

Zweimal durch den Fleischwolf gedreht werden soll das entgrätete Fischfilet zusammen mit den Anchovisfilets und der eingeweichten Semmel, die zuvor ausgedrückt werden muß. Die feingehackte Zwiebel wird mit Butter, Eiern, Mehl, Aquavit, Zitronensaft und den Gewürzen zu dem Fischbrei gemischt und gut durchgeknetet. Mit einem Teelöffel, den man vor dem Abstechen stets in heißes Wasser taucht, werden rund 3 cm dicke Knödelchen geformt. Diese wendet man mehrmals in einem Teller mit Semmelbröseln und bäckt sie in heißem Fett goldgelb heraus. Am besten schmecken diese finnischen Fischknödelchen in einer Dill-Butter-Soße zu Salzkartoffeln.

Fischknödel

500 g Fischreste von gekochtem oder gebratenem Fisch, 80 g Butter,
2 Eigelb, 1 EL Semmelbrösel (Paniermehl),
300 g gekochte Kartoffeln,
Salz, Pfeffer, Muskat,
1 EL Petersilie, Öl zum Ausbacken

Das Fischfleisch wird fein säuberlich entgrätet und dann durch den Fleischwolf gedreht. Nachdem die Butter schaumig gerührt ist, soll man sie mit den Eigelb, Semmelbröseln, den geriebenen Kartoffeln, die zuvor etwas kalt gestellt werden müssen, und dem Fischmus vermischen. Alles wird gut mit Salz, Pfeffer, Muskat und Petersilie gewürzt. Falls der Fischknödelteig etwas zu weich ist, kann man mit Semmelbrösel die Substanz etwas festigen. Die nicht allzu groß geformten Knödel werden paniert (in den verbliebenen beiden Eiweiß und Semmelbröseln) und in gut heißem Öl ca. 5 Minuten schwimmend ausgebacken.
Wünscht man eine Soße dazu, so kann man eine Champagnersoße empfehlen (siehe Rezept links). Serviert werden die Fischknödel mit Salat nach Belieben.

81. Rothe Knöpflein von Krebsen.

Man siedet 12 bis 15 mittlere Krebse in Salzwasser, thut das Fleisch von den Schwänzen und Scheeren heraus, und wieget oder hacket es ganz klein. Dann wird das Beste von den Schaalen gestoßen, in einem Stücke Butter geröstet, und durch ein Tuch gepreßt. Zu diesen nimmt man die gewiegten Krebsen, eine Handvoll Semmelmehl, ein wenig Salz und Muskatenblüthe, und rühret dieses alles mit einem Ey, oder zwey kleinen Eyern an, daß der Teig in der rechten Dicke ist, und leget davon kleine Knöpflein in siedende Brühe.

Aus: Augsburgisches Kochbuch (siehe Seite 96).

Seefischklößchen

250 g Seefischfilet,
1 Semmel, Milch,
3 TL Sardellenpaste,
½ Tasse Champignons, 2 Eier,
1 Messerspitze Thymian,
Majoran, 3 TL Zitronensaft,
Salz, Pfeffer

Das durch den Fleischwolf gedrehte Fischfilet wird mit der in etwas Milch eingeweichten Semmel, Sardellenpaste, den gehackten Pilzen und den Eiern vermischt und entsprechend gewürzt. Man läßt den ganzen Brei einige Zeit ruhen, und sticht dann mit einem Teelöffel kleine Klößchen ab, wobei sich der Klößchenteig am besten vom Teelöffel löst, wenn man diesen zuvor jeweils in heißes Wasser taucht. Die Garzeit beträgt ungefähr 3–5 Minuten.
Seefischklößchen schmecken als Beigaben vor allem zu den verschiedensten Fischsuppen, zu Fischragout und Blätterteigpasteten.

Seefischklößchen mit Parmesan

500 g Schellfisch oder Kabeljau,
1 Semmel, 1 kleine Zwiebel,
1 EL Butter, 1 TL Petersilie,
1½ EL Parmesan, 1 Eigelb, Salz,
Mehl

Das von Gräten befreite, gesäuberte Fischfleisch wird zweimal durch den Fleischwolf gedreht. Die zuvor eingeweichte und wieder ausgedrückte Semmel und die in kleine Würfel geschnittene Zwiebel werden in der Butter leicht angebraten und mit dem Fisch, der Petersilie, dem Parmesan und dem Eigelb vermischt. Das Ganze wird dann mit Salz abgeschmeckt. Die etwa 3–4 cm großen Fischklößchen werden, bevor sie in das leicht kochende Salzwasser gegeben werden, in Mehl gewälzt. Die Kochzeit beträgt etwa 2–3 Minuten. Servieren läßt sich diese Spezialität nicht nur zu Salat und Butter-Dill-Soße, sondern auch zur Suppe mit frischem Kerbel.

Fischklöße mit Spinat

500 g Spinat, 400 g Seefischfilet, 50 g Speck, 1 Zwiebel, 1 Ei, 3 Knoblauchzehen, Majoran, Muskatnuß, Saft von ½ Zitrone, Salz

Der verlesene und gut gewaschene Spinat wird unmittelbar nach dem Waschen in einen Topf gegeben und leicht angedünstet. Abgekühlt ist er dann mit der Hand leicht abzupressen. Das Fischfilet wird mit dem Speck und der Zwiebel durch den Fleischwolf gedreht. Das Ei, der Spinat und die zerdrückten Knoblauchzehen werden mit dem Majoran eingemischt und dann am besten mit der Küchenmaschine durchgeknetet. Der Teig ist dann mit Muskatnuß, Zitronensaft und Salz abzuschmekken, bevor man mit gut angefeuchteten Händen die Klößchen formt und in gut erhitzte Fleischbrühe einlegt. Sie brauchen ungefähr 10 Minuten zum Garen. Pikant munden Fisch-Spinat-Klöße, wenn man beim Servieren darüber eine Knoblauchsoße gibt.

*

Schon im Jahre 1805 im »Vollständigen allgemein nützlichen Amberger Kochbuch« ausgedruckt, doch noch im 20. Jahrhundert ausprobierenswert ist folgendes Fischknödelrezept:

Kleine Knödel vom Salm

(Salm = Forelle)

»Wasche ½ Pfund Salm sauber aus, schneide ihn sehr fein, salze ihn hinlänglich, gieb ein wenig gestoßenen weißen Pfeffer dazu, und weiche ein Kreuzerbrot im Wasser ein. Wenn es geweicht ist, drücke es aus, thue es zu dem geschnittenen Salm, nimm 6 Loth Butter dazu, 2 ganze Eyer und von zweyen den Dotter. Diese Masse stoße in einem Mörser zusammen, nimm sie dann heraus, mache kleine Knödel, laß selbige in einer Erbsenbrühe eine Viertelstunde lang kochen, dann kannst du selbe in einer Fastencoulissuppe brauchen.«

*

Und noch ein weiteres historisches Rezept soll zum Abschluß der Lektion Fischklößchen und Fischknödel verraten werden. Das »Altadelige bayerische Koch- und Konfektbuch für alle Stände aus dem Nachlasse einer berühmten Gräfin«, herausgegeben 1837 zu München, verrät folgendes Rezept:

Hechtenknödel

»Nimm einen Hecht von 1 Pfund, schuppe ihn sauber, schab auch das Schleimige mit einem Messer sauber davon ab, schneide das Fleisch von den Gräten, reinige auch das Eingeweide, hack's klein; du kannst Zwiebel oder grüne Kräuter, Muskatblüthe klein geschnitten, wenig Pfeffer und Safran dazu nehmen. Das Fleisch von dem Fische muß mit 6 Eiern eine Stunde zuvor, ehe du die Knödel machen willst, angerührt werden. Nimm Mundmehl, kehr's in einem Schmalze um, das nicht zu heiß ist, auch nicht über dem Feuer; dies alles rühr wohl durcheinander. Wären sie zu stark, so nimm ein wenig Milchrahm, schlag's nicht zu groß ein, laß's fein gemach sieden.«

Knödel, Nocken, Nudeln, Plenten
sind die vier Tiroler Elementen.
(Kobell)

Semmelknödel

Wer sie erfunden hat, das wird stets im Dunkel der Geschichte verborgen bleiben. Doch fest steht, daß man sie, die Semmel- oder Brotknödel, die Fastenknödel, die Kartäuserknödel oder wie sie landläufig sonst noch benannt werden mögen, in der Hauptsache aus Semmeln bzw. Knödelbrot, Milch, Eiern, Butter, Pfeffer und Salz herstellt. Ihr Ursprungsland mag wohl Altbayern gewesen sein, und von dort sind sie in alle Welt hinausgerollt.
Was für Italien die Spaghetti, sind für weite Teile Deutschlands die Semmelknödel oder der Semmelkloß. Man kann sie als Vorspeise ebenso servieren, zum Beispiel in dampfender Fleischbrühe als kleine Klößchen, wie zu fast jedem Fleischgericht. Selbst wenn Semmelknödel übrig bleiben, kann man daraus noch ein schmackhaftes Gericht (Seite 105) zubereiten.
Für alte Bauersleut' in alpenländischen Gauen war diese Knödelart so geschätzt, daß sie, bevor sie in den wohlverdienten Austrag gingen, d. h. ihren Hof an ihre Kinder weitervererbten, sich notariell als Ausgeding in der Woche gleich mehrere Knödel als garantierte Lebensgrundlage per Urkunde sichern ließen.
Gerade in jenen Zeiten, in denen das Fleisch rar war, konnte man hungrige Mäuler gut mit dieser Knödelspeise und ein bißchen Soße dazu stopfen und zufriedene Gesichter am Mittagstisch vorfinden. Auch heutzutage findet man in ländlichen Gegenden noch kinderreiche Familien mit rund einem Dutzend Köpfen, bei denen mittags eine Schüssel mit 40–50 Knödeln auf den Tisch kommt, um so den großen Hunger zu stillen.

Wie schon gesagt, das Stammland der Semmelknödel ist und bleibt das Land südlich der Mainlinie. Hier kann man das Knödelbrot fertig beim Bäcker oder auch beim Metzger kaufen. Doch auch dort, wo es das Knödelbrot nicht fertig zu kaufen gibt, muß man die Semmelknödel nicht entbehren, denn hart gewordene Semmeln lassen sich ganz gut mit einem scharfen Messer schneiden oder mit einer elektrischen Schneidemaschine bearbeiten.
Zuallererst soll wieder ein altes Knödelrezept aufgezeigt werden, diesmal aus »Neuestes Klöß- oder Knödel-Kochbüchlein nach fränkisch-bayrischer Weise«, erschienen 1880 in Kulmbach.

Semmelklöße
(Originalrezept)

»Für 12 Pfennige Semmeln werden eingeschnitten, in eine Schüssel gethan und mit ¼ Liter Milch, worin man 3 Eier verkleppert hat, übergossen. So dürfen sie eine Stunde stehen, um ordentlich durchzuweichen; dann rührt man noch ¼ Liter Mehl, Salz und für 6 Pfennige fett geröstete Semmelbröcklein darunter, ballt sie mit etwas Mehl zusammen, legt sie in siedendes Wasser und läßt sie eine halbe Stunde kochen.«

Münchner Semmelknödel

500 g Knödelbrot oder 10 Semmeln vom Vortag, ¼ l Milch,
1 kleine Zwiebel, 1 EL Petersilie,
50 g Butter, 3 Eier, 2–3 EL Mehl,
Pfeffer, Salz

Über das Knödelbrot bzw. die abgeriebenen, feingeschnittenen Sem-

Ludwig Richter: Der Schlossergesell.

meln wird die leicht erwärmte Milch gegossen. Dazu gibt man dann die feingehackte Zwiebel und Petersilie, die zuvor in der Pfanne in der Butter gut angedünstet werden. Gemeinsam mit den Eiern und dem Mehl wird alles gut vermengt und gewürzt. Damit die Semmelknödel recht locker werden, soll der Teig ½ Stunde ruhen. Dann erst werden mit angefeuchteten Händen die Knödel geformt. Von den oben angegebenen Zutaten erhält man 8–10 Knödel, je nach Größe. In bereits leicht siedendem Wasser werden sie 15–20 Minuten gekocht und dann dampfend heiß zu Tisch gebracht.

Im Schlaraffenland gibt es
ein ganzes Gebirge von Knödeln,
welche die Leute nur immer
in Kapaunersoße kochen.
(Boccaccio)

Brotknödel

250 g altes Graubrot (Schwarzbrot), ¼ l Milch, 2 Eigelb, 1 EL Butter, 1 Zwiebel, 1 EL Petersilie, Muskat, Majoran, Salz

Auch bei den Graubrot- oder Schwarzbrotknödeln wird das schon etwas hart gewordene Brot mit einem scharfen Messer klein gewürfelt. Darüber wird die kochende Milch gegossen und Eigelb, die in Butter gedünstete, feingehackte Zwiebel und die feingeschnittene Petersilie dazugegeben. Nun wird der Teig gewürzt und muß einige Zeit quellen. Aus dem gut durchgekneteten Teig werden Knödel geformt und in kochendem Salzwasser oder auch in leicht siedender Fleischbrühe gegart. Vor dem Servieren kann man die Knödel noch mit gerösteten Zwiebeln bestreuen.

Neuestes

Klöß-

oder

Knödel-Kochbüchlein

nach

fränkisch-bayrischer Weise.

Vierte vermehrte Auflage der Klöß- oder Knödel-Recepte.

Kulmbach, 1880.

Verlag von Theodor Wanderer.

Druck von Fr. Dachert in Kulmbach.

Semmelknödel mit Speck

100 g gut durchwachsener Speck, 1 große Zwiebel, 6 EL Butterfett, 10 alte Semmeln, ¼ l Milch, 6 Eier, 4 Eigelb, Salz, 2 EL Petersilie

Der feingewürfelte Speck wird in einer Pfanne ausgelassen und die kleingewürfelte Zwiebel darin angebraten, bis sie glasig wird. Speck und Zwiebel werden aus der Pfanne genommen und in dem verbliebenen Fett mitsamt dem Butterfett die abgeriebenen, kleingewürfelten Semmeln goldbraun angeröstet. Sie werden in eine Schüssel geschüttet, mit der leicht angewärmten Milch übergossen und gut durchgerührt. ¼ Stunde quellen und dann abkühlen lassen. Speck und Zwiebeln, die Eier, das Eigelb und Salz werden anschließend zugegeben und gut vermengt. Erst zum Schluß wird die feingehackte Petersilie in den gut durchgekneteten Teig gegeben. In siedendem Salzwasser läßt man die Knödel rund 15–20 Minuten garziehen.

Niederbayerische Teigknödel

10 alte Semmeln, 3 Eier, ¼ l Milch, 200 g Mehl, Salz

Die Semmeln werden abgerieben und in kleine Würfel geschnitten. Eier, Milch, Mehl und Salz verarbeitet man gemeinsam mit den aufgeschnittenen Semmeln zu einem zähflüssigen Teig. Nach einem gut halbstündigen Durchziehen formt man die Knödel und legt sie in kochendes Salzwasser ein, wo sie in 15–20 Minuten garziehen.

Semmelknödel mit Grieß

4 Semmeln vom Vortag, 3 gekochte Kartoffeln, ¼ l Milch, 100 g Grieß, 2 Eier, Salz, 50 g Semmelbrösel, 60 g Butter

Die Semmeln werden abgerieben, klein gewürfelt und in einer Pfanne leicht angebräunt, die Kartoffeln durch ein Sieb gedrückt. Das Ganze wird mit der Milch, dem Grieß, den Eiern, Salz und den Semmelwürfeln vermischt und durchgeknetet. Den Teig läßt man gut ½ Stunde ruhen, um dann die Knödel zu formen und in leicht kochendes Wasser einzulegen, wo sie in 15 Minuten garziehen. Vor dem Servieren Knödel gut abtropfen lassen, in Butter rösten und in Semmelbröseln wälzen.

Sächsische Speckklöße

250 g Speck, 2 Zwiebeln, 6 alte Semmeln, 30 g Butter, ¼ l Milch, 5 Eier, 150 g Mehl, Salz, 1 TL Majoran

Speck, Zwiebeln und 3 Semmeln werden als vorbereitende Arbeit fein gewürfelt. Die Speckwürfel werden in Butter ausgelassen, darin werden dann die Brotwürfel und die Zwiebeln goldbraun angebraten. Die weiteren 3 Semmeln, von denen man zuvor die Rinde abreibt, werden in der Milch eingeweicht, ausgedrückt und mit den Eiern und dem Mehl verrührt. Dieser Teig wird mit Salz und Majoran gewürzt, bevor die vorbereiteten, erkalteten Zutaten damit vermischt und verknetet werden. Aus dieser Teigmasse lassen sich ca. 10 Klöße formen, die in siedendem Salzwasser leicht aufkochen und in ungefähr 20–25 Minuten garziehen.

Tiroler Speckknödel

10 alte Semmeln, etwas Milch, Petersilie, 80 g Butter, 1 Zwiebel, ¼–⅜ kg Räucherspeck oder Wurst, 3 Eier, Salz, Pfeffer, Muskat, etwas Mehl

Die Semmeln werden abgerieben, würfelig geschnitten und in etwas warmer Milch eingeweicht. Gehackte Petersilie und in Butter geröstete Zwiebelwürfel werden darunter geschüttet. Der feingeschnittene Speck oder die Wurst wird ausgelassen, ebenfalls dazugeschüttet und alles mit Eiern und Salz, Pfeffer, etwas Muskat und evtl. noch Milch vermischt. Wenn der Teig zu feucht ist, wird etwas Mehl zugegeben. Die Knödel werden mit bemehlten Händen geformt und in kochendem Salzwasser in ca. 10 Minuten gegart.

Tiroler Fastenknödel

10 alte Semmeln, 50 g Butter, ¼ l Milch, 4 Eier, Salz, 1 kleine Zwiebel, 2 EL Petersilie, 2 EL Semmelbrösel, 1 EL Mehl

Zuerst werden die Semmeln abgerieben, in kleine Scheibchen oder Würfel geschnitten und dann in heißer Butter angeröstet. Gemeinsam werden die Eier und Salz in der Milch angerührt und über die gerösteten Semmelwürfel gegossen. Durchziehen lassen. Anschließend werden die feingehackte Zwiebel und Petersilie, die Semmelbrösel und das Mehl dazugegeben und zu einem Teig geknetet. Die nicht zu groß geformten Knödel werden in kochendes Salzwasser eingelegt, sie müssen 15 Minuten ziehen.

Steirische Bauernknödel

5 alte Semmeln, ¼ l Wasser oder Milch, 100 g Grieben, 1 Zwiebel, 2 Eier, Salz, 2 EL Mehl

Die Semmeln werden abgerieben, feinwürfelig geschnitten und mit Wasser oder Milch übergossen. Danach müssen sie ein wenig ziehen. Die Grieben und die feingewiegte Zwiebel gibt man in eine Pfanne, läßt darin die Semmelwürfel leicht anrösten und schüttet dann alles in eine Schüssel. Mit den Eiern, Salz und Mehl wird dann das Ganze vermengt und durchgeknetet. Die Knödel sollen nicht zu groß geformt werden. Man läßt sie in siedendem Salzwasser etwa 15–20 Minuten garziehen.

Altbayerische Grammelknödel

8 alte Semmeln, 1 EL Schweineschmalz, 1 EL Zwiebeln, 1 EL Petersilie, 100 g Grammeln (Grieben), ½ l Milch, 2 Eier, Salz

Die Semmeln werden abgerieben, fein gewürfelt, in Schweineschmalz und der feingehackten Zwiebel sowie Petersilie leicht angebraten und in eine Schüssel gegeben. Die Grammeln (Grieben) läßt man ebenfalls heiß werden und streut sie über die Semmelwürfel. Milch, Eier und Salz werden verrührt und ebenfalls mit den Semmelwürfeln vermengt. Die ganze Masse muß nun ½ Stunde ruhen, bevor man sie zu einem Teig knetet und mit nassen Händen Knödel formt (evtl. noch etwas Mehl zugeben). 20 Minuten in kochendes Salzwasser eingelegt, können sie dann serviert werden. Nach Belieben noch mit heißer Butter übergießen.

Schlesische Semmelklößel

*8 alte Semmeln, Salz, ⅜ l Milch,
1 kleine Zwiebel, 50 g Butter,
1 EL Petersilie, ½ TL Majoran, 2 Eier*

Über die abgeriebenen, in dünne Scheiben geschnittenen Semmeln gießt man die bereits gesalzene, lauwarme Milch. Die feingehackte Zwiebel wird in Butter etwas angeröstet und dann mit der kleingeschnittenen Petersilie und dem Majoran vermengt, über die Semmeln gegeben und untergemischt. Das Ganze soll 1 Stunde ziehen. Zum Schluß werden die Eier zugefügt, alles zu einem Teig geknetet und daraus Knödel geformt. Auch die schlesischen Semmelklößel müssen rund 20 Minuten in siedendem Salzwasser garziehen.

Böhmische Knödel nach einem alten Rezept

»Man nimmt zu 7/10 l (2 Seidel) Mehl, 2 Eier und 2 Semmeln, schneidet die Semmeln klein würfelig und röstet sie in ziemlich viel Butter fett und resch. Inzwischen zersprudelt man die Eier und macht mit dem Mehle, dem nötigen kalten Wasser und Salz einen ziemlich weichen Nockerlteig, welcher gut abgeschlagen werden muß; dann gibt man die gerösteten Semmelwürfel dazu, vermengt sie gleichmäßig und läßt den Teig ¼ Stunde stehen. Hierauf kocht man die ganze Teigmasse, rund geformt als einen Knödel, in siedendes Salzwasser ein oder man formt 2–3 Knödel daraus. Nach dem Kochen (½ Stunde) werden die Knödel mit 2 Gabeln zerrissen und mit brauner Butter abgeschmalzen. Man gibt noch Zwetschkenröster dazu. Oder: Man treibe 4 dkg Butter mit 3 Eiern ab, gebe ein kleines Glas Wasser oder Milch und 37 dkg Mehl dazu, schlage die Masse so lang, bis sie Blasen bekommt, und vermenge sie dann mit in Butter gerösteten Semmelwürfeln von 4 Semmeln. Dann formt man Knödel daraus oder sticht mit einem Löffel runde Nockerln ab, kocht sie ½ Stunde in Salzwasser und schmalzt dann heiße, braune Butter darüber.«

Böhmische Semmelknödel

*500 g Mehl, 1 Messerspitze
Backpulver, ⅛ l Milch,
⅛ l Wasser, Salz, 2 Eier,
5 alte Semmeln, 50 g Butter*

Das Mehl wird mit dem Backpulver vermischt, die Milch und das Wasser hinzugegeben, Salz und die Eier daruntergerührt und alles zu einem Teig geknetet. Die Semmeln werden in kleine, ca. zentimetergroße Würfel geschnitten, in Butter leicht angeröstet und dem Teig beigegeben. Alles wird dann nochmals gut durchgeknetet und sollte ½ Stunde ruhen, damit die Knödel recht flaumig werden.
Ein Nudelbrett wird gut mit Mehl bestreut, und mit bemehlten Händen geht man dann an das Formen der Böhmischen Knödelrolle mit einem Durchmesser von 5, 6, 7 cm (es können aber aus diesem Teig auch runde Knödel in entsprechender Größe geformt werden). Doch ob Knödelrolle oder runde Knödel – beide werden in kochendes Salzwasser gegeben, wo die Böhmischen Knödel in ca. ½ Stunde garziehen. Während des Garens sollen die Knödel im Kochwasser mehrmals gewendet werden. Vor dem Anrichten werden die Knödelrollen mit einem Bindfaden in fingerdicke Scheiben geschnitten.

Semmelknödel.

Nimm geriebenes Semmelmehl in einem Tiegel, und laß ein Stück gute frische Butter zergehen, gieß sie an das geriebene Semmelmehl, nimm dann heißes Wasser oder heiße Milch, aber es muß keines ganz sieden, und gieß es daran, salz' es, daß es recht ist, schneid auch ein wenig Muskatblüthe darein, mach es so mit dem Wasser oder der Milch recht weich an, doch nicht gar zu weich, daß man noch ein Paar Eier daran schlagen kann; dann schlage 2 Eier darein, und rühr's wohl untereinander, laß's auch eine Weile stehen, damit es anzieht; der Teig soll so dick seyn, wie Spritzstraubenteig, so ist es recht; hernach leg's in ein siedendes Wasser, und laß's sieden, damit sie genug gesotten sind; sie sieden in einer halben Viertelstunde genug.

Aus: Altadeliges bayerisches Koch- und Konfektbuch für alle Stände.

Knödel auf Pinzgauer Art

10 alte Semmeln, ¼ l Milch, Salz,
2 EL Petersilie, 1 Zwiebel,
200 g geräucherter Speck,
4 gekochte Kartoffeln

Die Semmeln werden abgerieben, in feine Scheiben geschnitten und mit der heißen, gesalzenen Milch übergossen. Das Ganze dann gut ½ Stunde ziehen lassen. Im Anschluß daran werden die kleingehackte Petersilie und Zwiebel, der geräucherte und ganz klein geschnittene Speck sowie die durch ein grobes Sieb gedrückten Kartoffeln beigemischt und alles zu einem Knödelteig geknetet. Die klein geformten Knödel legt man in kochende Fleischbrühe ein, in der sie später auch serviert werden, und läßt sie 15–20 Minuten garziehen.

Gewürzknödel

6 alte Semmeln, ¼ l Wasser, 3 Eier,
500 g gekochte Kartoffeln, ½ TL Salz,
1 EL Majoran, Pfeffer, Muskat,
Mehl nach Bedarf

Die alten Semmeln werden abgerieben und in kleine Würfel geschnitten, das Wasser mit den Eiern verrührt und über die Semmelwürfel gegossen. Die Kartoffeln werden geschält, grob gerieben und mit den Gewürzen vermengt. Zusammen wird alles mit den eingeweichten Semmelwürfeln verknetet. Damit der Teig hält, ist so viel Mehl beizugeben, daß ein gut formbarer Knödelteig entsteht. Die nicht zu großen Knödel werden zum 15minütigen Garziehen in kochendes Salzwasser eingelegt.

Österreichische Serviettenknödel
(Originalrezept)

»14 dkg Butter treibt man mit 4–5 ganzen Eiern ab, gibt dann 2 Löffel Milch und so viel feine Semmelbrösel dazu, daß es ein fester Teig wird, salzt etwas und gibt 1–2 Löffel voll Weinbeeren hinein. Dann formt man einen großen Knödel daraus, bindet ihn in eine mit Butter bestrichene Serviette ein, hängt ihn an einem Holzstücke oder Kochlöffelstiele in einen Topf mit kochendem Wasser und läßt ihn darin ¾ Stunden kochen.«

Serviettenkloß wienerisch

10 alte Semmeln, Salz, ⅜ l Milch, 80 g Butter, 4–5 Eier, 100 g Speck, 50 g Mehl

Die altbackenen Semmeln werden in ca. 1 cm große Würfel geschnitten, Salz darübergestreut und dann alles mit leicht erhitzter Milch übergossen. Inzwischen rührt man die Butter schaumig, schlägt die Eier dazu und rührt alles nochmals ab, bevor man den Speck hinzugibt, der zuvor ebenfalls klein geschnitten und leicht angebraten wurde. Zusammen mit den inzwischen eingezogenen Semmeln und dem Mehl wird alles nochmals gut vermischt und durchgeknetet. Und nun kommt die große Kunst des Serviettenkloßmachens: Der Teig wird in eine nasse oder in eine zuvor mit Butter eingestrichene Serviette gefüllt bzw. darin eingewickelt und zu einer Rolle geformt. Das Ganze soll aber recht locker bleiben, damit der Kloß noch aufgehen kann. Die Umwickelung mit der Serviette dient zur besseren Formung dieser runden und dann in Scheiben geschnittenen Klöße. Die mit Teig gefüllte Serviette wird an einem Kochlöffelstiel gebunden und so in kochendes Salzwasser gehängt, der Kloß muß gut ¾ Stunde durchgaren. Nach dem Herausnehmen aus der Serviette muß der Kloß kurz ausdampfen und wird dann mit einem Bindfaden in Scheiben geschnitten.

Serviettenknödel mit Rauchfleisch

5 alte Semmeln, 3 EL Mehl, 3 Eier, Salz, Pfeffer, Paprika, ½ l Milch, 100 g Butter, 150 g Rauchfleisch, 1 EL Petersilie, Semmelbrösel, geröstete Zwiebelringe

Die altbackenen Semmeln werden in kleine Würfel geschnitten und mit dem Mehl vermengt. Darüber wird die mit den Eiern und den Gewürzen verquirlte Milch gegeben. Alles wird gut vermengt und muß ½ Stunde quellen. In die schaumig gerührte Butter gibt man das kleingehackte Rauchfleisch und die gehackte Petersilie, und mischt sie kräftig unter den Semmelteig. Ist der Teig zu weich geraten, kann man mit Semmelbröseln eine bessere Festigkeit erreichen. Der Teig wird dann auf eine nasse, ausgewundene Serviette gegeben und darin zu einer Rolle geformt. In der Serviette eingebunden und an einem Kochlöffelstiel befestigt, wird der Kloß in kochendes Salzwasser gehängt und muß rund ¾ Stunde darin garziehen. Dann wird der Knödel herausgenommen, aus der Serviette ausgerollt, kurz abgedampft und mit einem Bindfaden in fingerdicke Scheiben geschnitten. Vor dem Servieren werden sie mit gerösteten Zwiebelringen bestreut.

Serviettenknödel mit Toastbrot

300 g Toastbrot, 40 g Butter, 3 Eier, 300 g Mehl, Salz, ¼ l Milch

Das Toastbrot wird in ca. 1 cm große Würfel geschnitten und in Butter goldgelb angeröstet. Das Eigelb der 3 Eier wird mit dem Mehl und Salz verrührt, die Milch hinzugegeben, kräftig durchgerührt und gut mit den Brotwürfeln vermengt. Danach wird das steifgeschlagene Eiweiß unter den Teig gezogen. Eine große Stoffserviette wird in kaltes Wasser gelegt, ausgewunden, der Teig hineingegeben und darin zu einer runden Teignudel von etwa 5–8 cm Dicke geformt. Die Serviette wird mit Bindfaden locker zusammengeschnürt, der Teig muß noch gut aufgehen können. An einen Kochlöffelstiel gebunden, muß der Knödel ¾ Stunde in kochendem Salzwasser garziehen. Aus der Serviette ausgerollt und etwas abgedampft, werden mit einem Zwirnfaden fingerdicke Scheiben abgeschnitten. Um einen besonders herzhaften Genuß zu garantieren, kann man den Serviettenknödel vor dem Servieren noch mit goldgelb erhitzter Butter übergießen.

Oberfränkischer Serviettenkloß

5 alte Semmeln, ⅛–¼ l Milch, 3 Eier, 1 Zwiebel, 1 EL Petersilie, 50 g Butter, Salz, Muskatnuß

Die Semmeln vom Vortag werden fein geschnitten und mit der Milch übergossen, darunter rührt man die Eier. Kräftig durchgeknetet, läßt man dann diesen Knödelteig gut ½ Stunde stehen, bestreut ihn dann mit der feingehackten Zwiebel und Petersilie, die vorher in Butter leicht angedünstet wurden, und würzt den Teig. Und nun kommt die feine Sache der oberfränkischen Serviettenkloßzubereitung: Man formt einen großen Kloß und gibt diesen in eine nasse oder noch besser in eine mit Butter bestrichene Serviette und bindet sie an allen vier Enden zusammen. Durch diese Verknotung steckt man einen Kochlöffel und hängt daran den Serviettenkloß in siedendes Salzwasser, wo er gut ¾ Stunde garziehen muß. Ähnlich dem Böhmischen Knödel oder Serviettenkloß werden von diesem Knödel im Großformat mit einem Bindfaden oder einem benetzten Messer die entsprechenden Scheiben fingerdick abgeschnitten und zu festlichen Fleischspeisen serviert.

Bohnenknödel

500 g weiße Bohnen, 8 alte Semmeln, ¼ l Milch, 2 Eier, Salz, 1 Zwiebel, 1 EL Petersilie

Die weißen Bohnen müssen über Nacht eingeweicht und dann in diesem Wasser weichgekocht werden. Die Semmeln werden abgerieben, fein geschnitten, mit der heißen Milch übergossen und müssen dann ½ Stunde ziehen. Bohnen, Semmeln, Eier, Salz, die feingehackte Zwiebel und Petersilie werden vermischt und alles gut durchgeknetet. Die klein geformten Knödel werden 20 Minuten in Salzwasser eingelegt.
Dazu empfiehlt sich eine schnelle Tomatensoße: 70 g Butter werden in einem Topf geschmolzen, 50 g Mehl eingerührt und zuletzt 2 EL Tomatenmark. Es folgt ein Aufguß mit heißem Bohnenwasser. Alles muß gut durchkochen und wird mit Pfeffer und Majoran abgeschmeckt.

»Gekrönte Häupter«
(Originalrezept)

Um die Wende hin zum 20. Jahrhundert wurden Semmel- und Kartoffelknödel in vielen Teilen Mitteleuropas dermaßen hoch geschätzt, daß man ihnen in »Das neue Kartoffel-Kochbuch« von Maria Bachmeier, herausgegeben um 1900, sogar den ehrfurchtsvollen Namen »Gekrönte Häupter« gab.

»Zwei bis drei Semmeln werden fein aufgeschnitten, mit siedender Milch angebrüht, etwas Salz dazu gegeben und zugedeckt stehen gelassen. Währenddessen siedet man vier bis fünf schöne Kartoffeln, schält sie und reibt oder passiert sie durch ein Sieb. Sind sie etwas ausgekühlt, dann kommen sie nebst zwei Eiern zu den geweichten Semmeln, macht alles gut untereinander und formt schöne runde Knödel daraus, legt sie in das kochende Wasser und läßt sie eine Viertelstunde kochen; dann nimmt man sie heraus auf eine Platte, schneidet sie in der Mitte durch, macht in einem Tiegel Butter heiß, röstet Semmelbrösel schön gelb und schmelzt damit die Knödel auf.«

*

Karl Valentins Semmelnknödeln

Selbst in Zeiten, in denen international gängige Gerichte wie Hamburger, Pommes frites, Cordon bleu, um nur einige wenige zu nennen, auch auf den Speisekarten der Bundesrepublik, Österreichs und der Schweiz internationale Küche repräsentieren, denkt man in Deutschland keineswegs daran, zu einer einheitlichen Knödel- oder Klößeordnung zu kommen. In der Frage dieser Küchenspezialität ist man über und unter dem weißblauen Weißwurstäquator gewissermaßen souverän. Patriotisch wird im Norden auf Klöße, im Süden auf die Bezeichnung Knödel geschworen und gepocht.
Diesem Diskurs konnte man sich selbst im Deutschen Bundestag nicht verschließen, als im November 1966 über ein Gesetz zur Änderung der Handwerksordnung Beratungen geführt wurden. Damals redete der niederbayerische Bundestagsabgeordnete Franz Xaver Unertl bayerischen Bezeichnungen für landesübliche Spezialitäten das Wort und kam dabei in vehementer Weise auf die sprachliche Diskrepanz zwischen Knödeln und Klößen zu sprechen.
Heute ist uns noch im Protokoll des Bundestages das Veto des niederbayerischen Abgeordneten erhalten, als er auf die Speisekarten-Normvorschriften aus seiner Sicht zu sprechen kam, indem er sagte: »Würde Ludwig Thoma den Text der Novelle (gemeint die Novelle zur Handwerkerordnung) genau studieren können, hätte er im Grabe bestimmt keine Ruhe, er würde sich mindestens einmal umdrehen. Wenn Karl Valentin noch lebte, würde er sagen: ›Ich laß' mir meine Semmelnknödeln auch durch einen Beschluß des Deutschen Bundestages nicht in Brötchenknödeln verwandeln.‹ Diese Verdrehung des herkömmlichen Sprachgebrauchs kommt nicht nur in der jetzigen Gesetzesnovelle und sonstigen Gesetzgebungen vor. Als bayerischer Gastwirt wundere ich mich oft, wenn ich die Speisekarte in den bayerischen Lokalen – außerhalb des Weißwurstäquators maße ich mir nicht an, Kritik zu üben – lese. In Bayern ist das Eisbein eben eine Surhaxe, Klöße

bleiben Reiberknödel oder Semmelknödel, rote Beten sind rote Rüben, die Schlagsahne ist bei uns der Schlagrahm, der Rotkohl ist Blaukraut, die Limonade heißt Kracherl, die österreichische Kalbsstelze heißt Kalbshaxn, und der Schäfflertanz in München wird nie ein Böttcherreigen werden!« So Xaver Unertl, der unvergessene Knödelproklamator!
Dem Semmelknödel ein überaus humorvolles und weithin bekanntes literarisches Denkmal haben Karl Valentin und Liesl Karlstadt gesetzt. Der Disput in diesem Einakter wird ausgelöst, weil Karl Valentin zum Mittagessen zu spät – und das gleich um neun Stunden – gekommen ist. Schuld daran waren die Semmelknödel und das darüber geführte Streitgespräch mit der Kassiererin des Lokals, in dem sich der Münchner Humorist solcherlei Spezialitäten einverleibt hatte. Der in dieser Frage der Semmelknödelbezeichnung überaus exaltierte Münchner Volkskomiker hatte für diese seine Spezialität eine eigene Grammatik parat. Denn während für Liesl Karlstadt Semmelknödel im Singular wie Plural Semmelknödel waren, beharrte Valentin mit dickköpfigem Starrsinn darauf, daß es beim Verzehr mehrerer solcher Fleischbeigaben Semmelnknödeln heißen müsse. Nein, das sei nicht so, meinte die Liesl Karlstadt, denn man sage schon von jeher Semmelknödel. Daraufhin Valentin: »Ja, zu einem. – Aber zu mehreren Semmelknödel sagt man Semmelnknödeln. Semmel ist die Einzahl, das mußt Ihnen merken, und Semmeln ist die Mehrzahl, das sind also mehrere einzelne zusammen. Die Semmelnknödeln werden aus Semmeln gemacht, also aus mehreren Semmeln, Du kannst nie aus einer Semmel Semmelnknödeln machen.« Karlstadt dazu: »Machen kann man's schon.« Doch Valentin ließ nicht locker: »Ja, ja, machen schon, aber wenn Du aus einer Semmel zehn Semmelnknödeln machen tät'st, dann würden die Semmelnknödeln so klein wie Mottenkugeln. Dann würde das Wort Semmelknödeln schon stimmen, weil's bloß aus einer Semmel sind. Aber solange die Semmelnknödeln aus mehreren Semmeln gemacht werden, sagt man unerbittlich: Semmelnknödeln.« Der Streit war aber damit noch lange nicht zu Ende, denn dann wollten es beide genau wissen und auch eine klare Entscheidung darüber herbeiführen, ob bei der Aussprache die Semmel oder die Knödel mehr betont werden sollten. Und hier glaubte Valentin, daß eigentlich nicht Semmel und Knödel über- oder unterbetont werden müßten, sondern alleinig das »n«, das zwischen Semmel und Knödel stehen müsse.
Liesl Karlstadt fährt in diesem Stück mit einer Zusatzfrage fort, wohl in der Hoffnung, Valentin auf eine andere Fährte zu locken: »Ja, wie heißt es denn dann bei den Kartoffelknödeln?« fragte sie. Valentin dazu: Dasselbe »n« müsse auch hier zwischen Kartoffel und Knödel, genauso wie bei Schinkenknödeln stehen. Es gäbe einfach keine Knödel, ohne in der Mitte ein »n« zu haben, doziert Karl Valentin schließlich, zum Schluß kommend. Nur bei den Leberknödeln gäbe es eine Ausnahme, da man nicht sagen könne: Lebernknödeln!

Gebraten schmecken sie auch gut,
In saurer Brüh' nicht minder.
Kartoffelklöße essen gern
die Eltern und die Kinder.
(Spruchweisheit)

Die Kartoffelschälerin.

Kartoffelkloß und Reibeknödel

Hätte es ihn in den Notzeiten der vergangenen beiden Jahrhunderte nicht gegeben, hätten viele Menschen noch größeren Hunger ausstehen müssen. Ohne ihn wär's kein Leben gewesen, ohne ihn: den Kartoffelkloß. Aber nicht nur als Leibspeise der Armen ist er geschätzt, sondern auch an festlichen Tafeln. Wenn es heutzutage Enten- und Gänsebraten gibt, ist er nicht wegzudenken, der Kloß oder Knödel aus Kartoffeln.

Im »Bamberger Kochbuch« aus dem Jahre 1805 hat der Kartoffelknödel bereits seinen festen Platz:

Kartoffelknödel bürgerlich
(Originalrezept)

»Für 12 Personen nimmt man 16 Kartoffeln, siedet solche weich, schälet die Haut davon, und laßt sie kalt werden; dann reibet man sie auf einem Reibeisen. Zu diesen Kartoffeln braucht man nur 4 Kreuzerbrode; zwey werden eingeweicht, und zwey werden würfelartig zusammengeschnitten und gebacken; auch thue nur eine starke Gaisel (so viel du mit

2 hohlen Händen fassen kannst) Mehl dazu. Dann mache kleine runde Knödel draus und laß sie eine halbe Stunde lange sieden.
Man kann auch geriebenes Brod darauf rösten oder auch Zwiebeln, wie man will. Die Knödel können auch auf einen Fasttag gegeben werden.«

*

Im »Neuesten Klöß- oder Knödelkochbüchlein nach fränkisch-bayrischer Weise« (siehe Abbildung auf Seite 48), erschienen 1880 in Kulmbach, stehen die »Gewöhnlichen Klöße von rohen Kartoffeln« gleich an erster Stelle mit eingehender Zubereitungsweise.

Gewöhnliche Klöße von rohen Kartoffeln

(Originalrezept)

»Dazu nimmt man für vier Personen ungefähr 12 große rohe und 8 gekochte Kartoffeln. Die rohen werden, nachdem sie sauber geschält sind, auf einem großen Reibeisen gerieben und mit frischem Wasser übergossen, nun läßt man sie etwas stehen, nimmt dann ein dünnes Leinwandsäckchen, thut sie hinein und drückt oder preßt sie recht fest aus, daß alles Wasser herauskommt, gleich darauf werden sie gesalzen und mit ¼ Liter Milch oder Wasser gebrüht. Die gekochten Kartoffeln müssen schon vorher gerieben und etwas warm gestellt werden; sodann rührt man sie gleich unter die gebrühten, sowie auch für 6 Pfennige gut fett geröstete Semmelbröcklein; ist alles beisammen, so werden die Klöße schnell formiert und ins kochende Wasser gelegt; – in einer kleinen halben Stunde sind sie fertig. Hauptsächlich ist zu bemerken, daß man die Kartoffel nicht eher ausdrücken und anbrühen darf, bis man sie in das kochende Wasser einlegen kann, denn, wenn der Teig nur etwas eingerührt steht, so wird er braun, und die Klöße verlieren das appetitliche weiße Ansehen.«

*

Kartoffelklöße werden in einer wahren Namensvielfalt kredenzt. Nennt man die aus roh geriebenen Kartoffeln hergestellten runden Spezialitäten in Bayern Reibe- oder Reiberknödel, so werden sie in nördlichen Gefilden als rohe Klöße oder grüne Klöße bezeichnet. Die rohen Klöße nehmen die in Thüringen Geborenen als Thüringer Klöße für sich in Anspruch. Es gibt aber dann auch Knödel, die halb aus rohen, halb aus gekochten Kartoffeln hergestellt werden, deshalb der Name »Knödel halb und halb«. In Thüringen kennt man auch noch die Halbseidenen Klöße, die aus einem Teig hergestellt sind, bei dem Mehl und Kartoffeln als Zutaten im Rezept stehen. Hier noch ein paar andere Namen für Knödel und Klöße, in denen als Zutaten Kartoffeln eine Rolle spielen:

▷ Erdäpfelknödel
▷ Kartoffelwickelkloß
▷ Geschnittene Kartoffelklöße
▷ Grüne Kartoffelklöße
▷ Thüringer Aschkloß
▷ Thüringer Watteklöße
▷ Vogtländer grüne Klöße
▷ Holsteiner Klöße
▷ Holsteinische Kartoffelklöße
▷ Polnische Klößel
▷ Hoorige Knepp
▷ Zehntelknödel
▷ Pfälzer Kartoffelklöße
▷ Gefüllte Pfälzer Kartoffelklöße
▷ Seidene fränkische Klöße

Kurzum: Allein den Knödeln aus Kartoffeln als dominierende Haupt-

Vollständiges und allgemeinnützliches

Bamberger Kochbuch,

worin

mannichfaltige Speise-Zubereitung

vorkommt

immer für zwölf Personen

und zwar für

herrschaftliche und bürgerliche Tische,

ferner

besonderer Anhang

von dem

Wichtigsten und Nützlichsten der Conditorey,

auch

verschiedene Tafelzetteln

mit

einem Wörterbuch über die Kochkunstausdrücke

von

Heinrich Klietsch u. Joh. Hermann Siebell,

Männern, die durch eigne lange Erfahrung unterrichtet, und als Meister der Kochkunst u. Conditorey berühmt sind.

Bamberg 1805,
bey Tobias Göbhardt sel. Wittib.

zutat für den Teig könnte eine Rezeptsammlung gewidmet sein. Aus einer Sammlung von über 50 Rezepten hier die dominierendsten und speziellsten, die landläufig die größte Verbreitung haben, woraus zu schließen ist, daß sie auch am besten munden.

Bayerische Reibeknödel

1 kg rohe Kartoffeln,
500 g gekochte Kartoffeln,
Salz, Muskat, Pfeffer,
Knödelbrot von 2 alten Semmeln,
1 Ei, ¼ l saurer Rahm
(Ersatz: Milch oder Wasser)

Die rohen Kartoffeln werden geschält und auf einer Reibe fein gerieben. Damit sie nicht braun werden, nehmen manche Hausfrauen leicht lauwarmes Essigwasser, in das sie die Kartoffeln hineinreiben. Die geriebenen Kartoffeln werden in einem großen Küchentuch oder auch Handtuch ausgepreßt und mit den bereits am Vortag oder rechtzeitig zuvor gekochten Kartoffeln, die man schält und ebenfalls reibt, vermischt. Dann werden sie mit Salz abgeschmeckt und nach Belieben mit etwas Muskat und Pfeffer leicht gewürzt. Dieser Kartoffelteig wird nun mit dem Knödelbrot vermengt (wer am Ort kein bereits feingeschnittenes Knödelbrot bekommt, muß die alten Semmeln selbst abreiben und mit einem scharfen Messer in dünne Scheiben schneiden). Nachdem das Ei und der saure Rahm bzw. Milch oder Wasser hinzugegeben sind, wird das Ganze nochmals gut durchgeknetet. Mit nassen Händen formt man dann die Knödel. Damit keine »Fingerabdrükke« verbleiben, werden sie beim Einlegen in das siedende Wasser auf

Aus: Baierisches National-Kochbuch.

630. Kartoffel-Klöße.

Rühre $1/4$ Pfund Butter mit 6 Eiern ab, gebe ein in Milch geweichtes, wieder fest ausgedrücktes Mundbrod nebst einem Teller voll kalte geriebene Kartoffeln, einige Hand voll Mehl und Salz dazu, rühre alles gut unter einander, balle Klöße und koche sie in kochendem Salzwasser aus.

631. Kartoffel-Klöße ander Art.

Zu ungefähr 3 gehäuften Tellern voll geriebener Kartoffeln nimmt man $1/2$ Teller voll geriebenes Weißbrod, die Rinde davon im Schmalz geröstet, $1\,1/8$—2 gute Kochlöffel voll Mehl, 3 Eier, von denen das Weiße zu Schnee geschlagen wird, Salz und 70 Gramm zerlassene Butter. Die Klöße werden geformt und in kochendem Salzwasser ungefähr 10—15 Minuten lang gekocht, bis sie innen trocken sind. Beim Anrichten werden sie mit in Schmalz geröstetem Weckmehl überschüttet.

einen Schöpflöffel gegeben und darin ein bißchen gedreht, damit sie schön rund werden. Im kochenden Salzwasser garen die Knödel in 20–30 Minuten.
Wichtig bei der Herstellung des Knödelteigs aus rohen Kartoffeln ist, daß zwischen dem Reiben und dem Kneten bzw. Knödelformen die Arbeitsfolge ziemlich rasch hintereinander geschieht, damit der Teig nicht nachdunkelt und später die Knödel unansehnlich werden.
Dem Knödelteig beigefügt werden können auch 1–2 Eßlöffel Grieß, was sich als gutes Bindemittel erweist. Servieren kann man die sog. »Grüngeriebenen«, wie sie ja in süddeutschen Landstrichen auch genannt werden, mit angebräunter Butter und gerösteten, feingehackten Zwiebeln übergossen.

Kartoffelklößchen

30 g Butter, 150 g gekochte Kartoffeln, 30 g Mehl, Salz, Muskat

Die Butter bzw. ersatzweise Margarine wird schaumig geschlagen und den geriebenen, gekochten Kartoffeln und dem Mehl beigegeben. Dieser Kartoffelteig wird mit Salz und Muskat gewürzt. Mit einem Teelöffel formt man kleine Klöße, die in 5 Minuten in Salzwasser oder gleich in kochender Brühe garen. Bei Verwendung von Brühe können sie darin als Kartoffelklößchensuppe serviert werden.

Niederbayerische Kartoffelknödel

1 kg gekochte Kartoffeln,
250 g Mehl, 2 Eier, Salz

Die geriebenen Kartoffeln werden mit dem Mehl und den Eiern zu einem Teig verknetet und sofort zu Knödeln geformt. Diese werden in kochendes Salzwasser eingelegt und müssen ¼ Stunde bei mäßiger Hitze garziehen.

Kartoffelklöße aus der Pfalz

1 kg rohe Kartoffeln,
500 g gekochte Kartoffeln,
2 Eier, 1 alte Semmel,
1 TL Salz, ½ kleine Zwiebel,
Petersilie, Pfeffer

Die rohen Kartoffeln werden geschält und gerieben, in einem Tuch fest ausgedrückt und den gekochten, geriebenen Kartoffeln beigemengt. Die übrigen Zutaten kommen hinzu, und alles wird gut verknetet. Die Pfälzer Kartoffelklöße sollen nicht zu groß geformt sein, so daß sie ungefähr in 10 Minuten in kochendem Salzwasser garziehen. In der Pfalz nennt man diese Kartoffelklöße auch »Hoorige Knepp«.

Wiener Kartoffelknödel

500 g gekochte Kartoffeln,
1 Semmel, 30 g Butter,
2 Eier, Salz, 100 g Grieß,
50 g Mehl

Die gekochten Kartoffeln werden geschält und gerieben oder zerstampft und anschließend mit der eingeweichten Semmel und den anderen Zutaten gut vermengt und verknetet. Mit mehligen Händen formt man nicht zu große Knödel und gibt diese in kochendes Salzwasser, wo sie in ca. ¼ Stunde garziehen.

Thüringer mit Grieß

*1,5 kg rohe Kartoffeln, ¼ l Milch,
1 TL Salz, 50 g Margarine,
150 g Grieß, 1 alte Semmel,
etwas Butter*

Die Kartoffeln werden geschält, gerieben und dann ausgepreßt, was am besten mit einem großen Küchentuch oder Handtuch geschieht. Anschließend wird die Milch gemeinsam mit dem Salz und der Margarine gekocht, wobei man den Grieß langsam einrührt, bis sich alles zu einer teigigen Masse entwickelt, die den ausgepreßten Kartoffeln beigefügt und gut verknetet wird. Damit das Knödelmachen besser von der Hand geht, bestäubt man sich die Hände mit Mehl und formt dann ziemlich große Klöße, in deren Mitte man in Butter geröstete Semmelwürfel drückt. Die Garzeit beträgt ungefähr 15–20 Minuten.

*

Aus dem »Neuen Kartoffel-Kochbuch« von Maria Bachmeier, erschienen um 1900, stammt das folgende Rezept:

Kartoffelknödel mit Kremeln
(Kremeln = Grieben)

»Sechs bis acht Kartoffeln werden gewaschen, geschält, auf dem Reibeisen in etwas gesalzenes Wasser gerieben und etwas stehen gelassen; währenddessen reibt man drei bis vier am Tage vorher gesottene Kartoffeln in eine Schüssel, drückt die geriebenen rohen Kartoffeln gut aus, tut sie zu den andern nebst einer aufgeschnittenen Semmel mit einem Ei, Salz, und mengt dieses gut untereinander ab; gibt dann die Kremeln, das ist das Fett, welches klein zusammengeschnitten und auf dem Feuer ausgepreßt wird, dazu; diese Krusten nennt man Kremeln. Diese werden dann zu der Masse gegeben, gut untereinander gemengt, Knödeln daraus geformt, in das kochende Wasser gelegt und eine halbe Stunde langsam gekocht. Gut gekochtes Sauerkraut dazu gibt ein einfaches, aber nährendes Gericht.«

Kartoffelwickelknödel

*500 g gekochte Kartoffeln,
150 g Mehl, 1 Ei, etwas Salz,
200 g Geräuchertes,
2 EL Semmelbrösel*

Die am besten schon tags zuvor gekochten Kartoffeln werden geschält, gerieben, mit Mehl, dem Ei und Salz verknetet. Dieser Teig wird mit einem Nudelholz ausgerollt und mit dem kleingehackten Geräucherten (ersatzweise auch Wurst) bestreut. Der Teig wird wieder zusammengerollt und die Teignudel in ca. 5 cm lange Stücke geschnitten. Aus jedem Stück wird ein Knödel geformt, wobei man die Schnittflächen gut verknetet, damit sie nicht aufgehen. 20 Minuten müssen sie dann im kochenden Salzwasser garen. Vor dem Servieren überstreut man die Knödel mit gerösteten Semmelbröseln. Eine hervorragende Sache zu Sauerkraut und Selchfleisch (geräuchertes Fleisch)!

Sexadreißig Leberknödl
und a Drumm Wurst;
und wear a scheane Kellnerin
liebt,
leidet koan Durst.
(Österreichisches »Gstanzl«)

Böhmische Kartoffelknödel

1,5 kg Kartoffeln, 5 alte Semmeln, 150 g Butter, 50 g Mehl, 5 Eier, 1 TL Petersilie, Salz, Muskatnuß

Die in der Schale gekochten Kartoffeln werden, nachdem sie geschält und abgekühlt sind, gerieben oder durch den Fleischwolf gedreht. Die Semmeln werden in kleine Würfel geschnitten und in Butter schön goldgelb geröstet. Kartoffelteig und Semmelwürfel werden mit dem Mehl, den Eiern und der gehackten Petersilie vermischt und gewürzt, der Teig muß 1 Stunde ruhen. Entweder formt man daraus nicht zu große, runde Knödel und gart sie wie üblich in siedendem Salzwasser. Oder man walzt den Knödelteig auf einem mit Mehl bestäubten Brett zu einem ca. 20 cm langen und 1 cm dicken Teigstück aus, rollt es auf und läßt die Rolle in kochendem Salzwasser in 20 Minuten garziehen. Mit Bindfaden werden vor dem Servieren 1 cm dikke Knödelscheiben abgetrennt.

Schlesische Kließla

1 kg gekochte Kartoffeln, 200 g Mehl, 1–2 Eier, Salz, 2–3 Zwiebeln, 50 g Butter

Die Kartoffeln werden geschält und gerieben oder durch einen Wolf gedreht. Diese Kartoffelmasse wird mit dem Mehl, den Eiern und Salz gut vermengt. Die Zwiebelringe werden in der Butter geröstet und beim Formen mitten in die Knödel gedrückt. Die wieder gut verschlossenen Knödel müssen in kochendem Salzwasser ungefähr 10–15 Minuten ziehen. Vor dem Servieren kann man sie mit gerösteten Semmelbröseln bestreuen.

Gefüllte Kartoffelknödel

1 kg gekochte Kartoffeln, 250 g Stärkemehl, 2 Eier, Salz, Muskat, 150–200 g Fleisch bzw. Wurst

Die gekochten Kartoffeln werden geschält und gerieben. In erkaltetem Zustand werden sie mit dem Stärkemehl und den Eiern, sowie mit Salz und Muskat gewürzt und zu einem gut durchgekneteten Knödelteig verarbeitet. Die nicht zu groß geformten Knödel werden mit gehacktem, bereits gekochtem Fleisch oder mit Wurststückchen gefüllt. Diese Füllung kann man zusätzlich mit gerösteten Zwiebeln würzen. Dann müssen die Knödel in siedendem Salzwasser 15–20 Minuten garziehen.

Grüne Klöße aus dem Vogtland

1 kg rohe Kartoffeln, 100 g gekochte Kartoffeln, 2–3 Tassen Milch, Salz, 2 alte Semmeln, etwas Butter

Die rohen Kartoffeln werden in eine Schüssel mit kaltem Wasser gerieben, in dem sie eine gute Stunde stehen bleiben, wobei das Wasser öfters gewechselt werden muß. Die gekochten Kartoffeln werden ebenfalls gerieben, darüber die kochende Milch geschüttet, zu einem Brei heißgekocht und dann mit der ausgepreßten, rohen (= grünen) Kartoffelmasse verknetet und gesalzen. Die Knödel werden mit nassen Händen geformt, wobei in deren Mitte die in etwas Butter gerösteten Semmelwürfel eingedreht werden. In kochendem Salzwasser müssen sie ca. 20 Minuten ziehen, um gar zu werden.

Knödel-Vorbereitung: Kartoffeln reiben.

Westfälische Sauerkrautklöße

*2 kg rohe Kartoffeln,
150 g geräucherter Speck, 1 Zwiebel,
2 Tassen Sauerkraut, 50 g Mehl, Salz,
Pfeffer, 1 Semmel*

Die Kartoffeln werden geschält, gerieben und in einem großen Tuch ausgepreßt. In Westfalen wird dieser Kartoffelteig mit einer Tasse kochendem Wasser übergossen. Der feingeschnittene Speck wird ausgelassen, die feingehackte Zwiebel darin geröstet und auch das Sauerkraut fein gehackt. Alles zusammen gibt man unter den Kartoffelteig, der mit dem Mehl gebunden und mit Salz und Pfeffer abgeschmeckt wird. Mit nassen Händen werden die Knödel geformt. Dabei werden die in etwas Butter gerösteten Semmelwürfel in die Mitte der Knödel gegeben oder auch von außen in die Knödel eingedrückt. Der Garprozeß in siedendem Salzwasser dauert zwischen 25 und 30 Minuten.

Halbseidene Klöße

Halbseidene und Seidene Klöße sind eine fränkische Spezialität.

*1 kg rohe Kartoffeln, 2 Semmeln,
50 g Butter oder Margarine,
100 g Mehl, 100 g Kartoffelmehl,
2 Eier, Salz*

Die Kartoffeln werden gekocht, geschält und noch heiß durch ein Sieb gedrückt oder gerieben. Die Semmeln werden in kleine Würfel geschnitten und im Fett goldgelb geröstet. Das Mehl und das Kartoffelmehl, die Eier und Salz werden mit der Kartoffelmasse verknetet und mit bemehlten Händen die Knödel geformt, wobei man in jeden einige Semmelwürfel drückt und den Teig rundherum wieder rund formt. Die Knödel werden dann in Kartoffelmehl gewälzt und in kochendes Salzwasser gegeben, wo sie in ungefähr 20 Minuten garziehen.
Halbseidene Klöße können zusätzlich noch mit ¼–⅜ l Milch angemacht werden.

Seidene Klöße

*1 kg gekochte Kartoffeln,
300 g Kartoffelmehl, Salz, ¼ l Wasser
oder Milch, 2 Eier, 1 Semmel,
etwas Butter*

Die Kartoffeln werden am besten am Vortag gekocht. Die kalten Kartoffeln werden geschält, gerieben bzw. durch ein Sieb gedrückt und mit dem Kartoffelmehl vermengt. Ist der Teig dann gesalzen, wird er mit heißer Milch oder heißem Wasser überbrüht, die beiden Eier darangegeben und alles gut verknetet. Beim Formen der Klöße sind die in etwas Butter goldgelb gerösteten Semmelwürfel nicht zu vergessen, um die man den Knödelteig wickelt und dann schön rund formt. 15–20 Minuten müssen die Knödel dann in reichlich kochendem Salzwasser ziehen.

Überraschungsknödel
(Originalrezept)

»Man holt aus seiner Speisekammer alles, was man an Resten findet, zum Beispiel Fleisch, Würstl, Gemüse, Käse. Dann bereitet man aus gekochten Kartoffeln, Salz, Ei und Mehl einen geschmeidigen Teig, formt kleine Knödel und steckt in die Mitte eines jeden entweder ein

Stückchen Fleisch oder Gemüse wie Spinat oder Blumenkohl usw. Kleingeschnittener Käse schmeckt ganz besonders pikant. Die im Salzwasser gekochten Knödel werden herausgenommen, auf einer Platte mit Butter und Semmelbrösel bestreut und nochmals im Rohr kurz überbacken.«

Wickelklöße aus dem Erzgebirge und Sachsen

200 g durchwachsener Speck,
50 g Butter,
100 g Semmelbrösel,
1 kg gekochte Kartoffeln,
500 g Mehl,
1 TL Backpulver, Salz, 1 Ei

In einer Pfanne wird der Speck zu schön knusprigen Grieben ausgelassen. In einer anderen Pfanne wird die Butter erhitzt und darin die Semmelbrösel angeröstet. Die Kartoffeln werden geschält und gerieben, das mit dem Mehl vermischte Backpulver, Salz und das Ei hinzugegeben und alles kräftig durchgeknetet. Geschmeidiger wird der Teig durch Zugabe von etwas Milch. Auf einem mit Mehl bestreuten Nudelbrett wird der Teig mit dem Nudelholz 1 cm dick ausgerollt, mit den Grieben und den Semmelbröseln bestreut und von der Längsseite her aufgerollt. Die Teignudel wird dann in 5–6 cm lange Stückchen geschnitten, wobei man dann die beiden nach außen hin offenen Seiten zusammendrücken muß. Die Wickelklöße werden vorsichtig in heiße Brühe gelegt und müssen bei schwacher Hitze in ca. 20–25 Minuten garziehen. Sie werden mit Soße und portionierten Rippchen auf einer Platte angerichtet und mit Sauerkraut gereicht.

Klöße auf »Motten«
(Motten = Karotten)

1 kg rohe Kartoffeln,
1 kg Schweinenacken, 2 EL Butter,
Fleischbrühe, 2 altbackene Semmeln,
Milch, 1 kg Karotten, 1 Zwiebel,
2 Eier, Muskat, Pfeffer, Salz,
Paprika, Petersilie

Die Kartoffeln werden gekocht, geschält und dann einige Stunden kalt gestellt. Inzwischen wird der Schweinenacken in Butter angebraten, mit etwas Fleischbrühe aufgegossen und gegart. Die Semmeln werden in warmer Milch eingeweicht und die Karotten geputzt und in längliche Stükke geschnitten. Die feingeschnittene Zwiebel wird glasig angebraten, die Karotten beigegeben und beides zugedeckt gegart.
Die Eier, die kleingeschnittenen Semmeln und die geriebenen Kartoffeln werden vermengt, gewürzt und aus diesem Teig Knödel geformt. Die grobgehackte Petersilie wird unter die Karotten gemischt, darauf die Klöße gesetzt, die so lange garen, bis sie »durch« sind. Das Fleisch wird geschnitten und zusammen mit den Klößen auf Motten serviert.
Dieses Rezept ist eine Spezialität aus der Rhön.

Gnocchi di patate con burro verde

Gnocchi
1 kg Kartoffeln, 2 Eier, 200 g Mehl, Salz

80 g Butter, 1 EL Kräuter (Rosmarin, Basilikum und Majoran),
2 EL Petersilie, Salz,
1 Knoblauchzehe, schwarzer Pfeffer,
100 g Parmesan

Die Kartoffeln werden in der Schale gekocht, noch warm geschält und püriert. Etwas abgekühlt, werden die Eier, das Mehl und etwas Salz zugefügt und so lange verknetet, bis der Teig nicht mehr an den Händen klebt. Der Teig wird dann fingerdick ausgerollt und ca. 3 cm lange Stücke abgeschnitten. Damit die Knödel die spezielle Gnocchi-Form erhalten, müssen die Teigstücke quer auf die Gabel gelegt, mit den Fingern gerollt und etwas gedrückt werden. Sie sehen dann muschelförmig aus. Die Gnocchi werden in Salzwasser gekocht, mit dem Schaumlöffel aus dem Topf herausgenommen und gut abgetropft. Die weiche Butter wird mit den gehackten Kräutern vermischt und erwärmt, wobei die gehackte Petersilie, ein bißchen Salz, der durchgepreßte Knoblauch sowie der frisch geriebene Pfeffer zugegeben wird. Die Gnocchi werden damit übergossen und, last not least, mit Parmesan bestreut. Auch hier gilt: sofort servieren.

*

Gnocchi zum Karneval von Verona

Knödelfeste werden auch in Italien gefeiert. Das wohl berühmteste spielt sich alljährlich beim Karneval in Verona ab. Dieses Knödelfest hat seinen Ursprung im 15. Jahrhundert, als die Veroneser Bevölkerung bei einer Hungersnot furchtbar darben mußte. Nach der Unterwerfung von Verona durch die Venezianer hielten es die neuen Herren der Stadt für angebracht, sich bei den Veroneser Untertanen mit der Verteilung von Speisen lieb Kind zu machen. Und dieser Brauch sollte sich bis zum Ende des 18. Jahrhunderts halten. Aus dem Staatssäckel finanziert, wurde die Bevölkerung alljährlich in den Tagen des Karnevals mit öffentlichen Speisungen verwöhnt. In Erinnerung an diese Staatsverköstigung wird auch heute noch alljährlich beim Karneval von Verona der »papa del gnoccho«, der Gnocchi- oder zu deutsch Knödel-Vater gewählt. Die Hausfrauen in einem Stadtteil Veronas warten dazu haufenweise mit Mehlspeisen auf, und am Freitag vor dem Karnevals-Endspurt gibt es diese Veroneser Köstlichkeiten, mit Parmesan bestreut und heißer Butter übergossen.

An den Knödeln sollt ihr sie erkennen . . .

An ihren Knödeln hat John Collins aus Murton (US-Staat Ohio) seine Ex-Gattin Margaret wiedererkannt. Als er kürzlich an eine Haustür klopfte und um warmes Essen bat, kredenzte ihm eine freundliche Dame Gulasch mit Knödeln. »Die schmecken genauso gut wie einst bei meiner Frau«, lobte der Vagabund die Mahlzeit, »es ist mein Lieblingsgericht, und meine Gattin hat es mir vor unserer Scheidung vor 27 Jahren oft gekocht.« Im weiteren Verlauf des Gespräches stellte sich heraus, daß die Ähnlichkeit nicht von ungefähr kam, sondern Mr. Collins tatsächlich bei den Kochtöpfen seiner Verflossenen gelandet war. Die kulinarische Verbundenheit von Knödelköchin und Knödelfan endete schließlich erneut vor dem Standesbeamten.

(Aus dem »Münchner Merkur«)

Knödel-Wettessen

In Süddeutschland, Österreich und in der Schweiz sagt man es gerade heraus, wenn man so recht seine Freude an einem guten Essen hat und in Ruhe beim Knödelessen sein kann: »Pfui Teufel, is des guat«, so schwärmen die Leute in Stadt und Land und schnalzen mit der Zunge dazu, wenn ihre Lieblingsspeise und ihr Lieblingsschmankerl aufgetragen wird, Schweinebraten mit echten, handgeriebenen Reibeknödeln und dazu Krautsalat. Auch heute noch wird der Appetit daran gemessen, wie viele Knödel einer »verdrücken« kann. Und wenn es so sechs oder sieben an der Zahl sind, dann kann man sich durchaus im Kreise von »gestandenen Mannsbildern« sehen lassen. Um in diese elitäre Gruppe der Gourmands zu gelangen, setzen auch die Kurgäste in den nieder- und oberbayerischen, österreichischen und Tiroler wie schweizerischen Kurorten all ihre appetitstrotzende Ehre daran, es den Einheimischen nachzumachen. Freilich, zumeist kommen sie über die heilige Zahl drei nicht hinaus.
In den Wirtshäusern muß man sich keinesfalls genieren, einen oder gleich zwei oder drei Knödel nachzubestellen. Das ehrt die Köchin! Freilich, geschenkt geht das heute nicht mehr, weil eben die Wirtsleut' nicht allein von der Ehre leben können. Im niederbayerischen Luftkurort Grafenau ist sogar einem Wirt wegen seiner überaus anerkannten und viel gelobten Knödelspezialitäten ein Doppelname zuteil geworden, nämlich die Abwandlung von Albert Weber in Knödel-Weber.
Und in solchen Landstrichen dürfen natürlich Knödel-Wettessen nicht fehlen, weder hüben noch drüben der bayerisch-böhmischen wie österreichisch-schweizerischen Landesgrenzen. Knödel-Wettessen erfreuten sich in ganz Bayern schon seit jeher größter Beliebtheit. Einer der größten Wettbewerbe dieser Art ging 1825 in München über die Bühne, wobei insgesamt 2800 Leberknödel verzehrt worden sind.
Der Sieger konnte sich damit brüsten, innerhalb einer Stunde insgesamt 38 Knödel verschlungen zu haben. Doch diese Mästerei hatte ein gerichtliches Nachspiel: Neider verklagten den Wirt wegen »groben Unfugs«; der Wirt wurde aber freigesprochen.
Keine anderen Ländermannschaften tun sich in diesem »Volkssport« auch heutzutage so hervor wie die Bayern, Österreicher und Südtiroler. Bei einem Knödel-Wettessen im November 1969 schaffte Isidor Fritzwenger in der Salzburger »Knödelhütte« 25 Tiroler Knödel. Der 37jährige Bayer lag mit diesem seinem Verzehr im toten Rennen mit seinem österreichischen Kontrahenten, der ebenfalls 25 Knödel schaffte. Als Sieger des Länderkampfes aber ging schließlich die bayerische Mannschaft mit 101 : 88 »nahrhaften Punkten« hervor. Im November 1974 gab es ein sogar vom Fernsehen übertragenes Knödel-Wettessen in Salzburg, bei dem ein Münchner in einer Dreiviertelstunde (!) 20,5 Tiroler Speckknödel »verdrückte«.

Kartoffelknödel halb und halb:
1 Gekochte Kartoffeln reiben.
2 Rohe Kartoffeln reiben.
3 Geriebene, rohe Kartoffeln durch ein Tuch ausdrücken.
4 Die gut ausgedrückte Kartoffelmasse.
5 Knödel mit den Händen formen.
6 Knödel in siedendem Wasser garziehen lassen.

1

2

3

4

5

6

1

2

3

4

5

6

Knödel-Wettessen.

Sicher ist es so, daß die Knödel nicht als Einzelgänger in den bayerischen Mägen verschwinden, wie es der Heimatdichter Martin Burger einmal schildert, sondern eben diese nahrhaften Kugeln mit einem Stück »anständigen« Schweinernem mit Kraut in die Magengrube hinabwandern. Zur Ehre der Köchin, ob Hausfrau oder in der Gastwirtsküche angestellt, gereicht es, wenn die Knödel nicht so klein wie ein Fünf-Mark-Taler sind, sondern die Größe einer klobigen Holzhauerfaust haben. Wer sich in solchen Landstrichen an den Tisch setzt, der muß auch der Köchin die Ehre geben, daß ja kein Flöckerl auf dem Teller zurückbleibt, auch im Wirtshaus nicht. Er muß es, um auch akzeptiert zu werden, mit dem Wahlspruch der Einheimischen halten:

Lieba an Mogn verrenkt,
als dem Wirt was g'schenkt!

Verschiedene Knödelzubereitungen:
1 *Serviettenkloß, an einem Kochlöffelstiel in das siedende Wasser gehängt.*
2 *Hefeklöße auf einem über den Topf gespannten Tuch garziehen lassen.*
3 *Zwetschgenknödel füllen.*
4 *Aufgeschnittene fertige Zwetschgenknödel.*
5 *Knödelbrot, aus Semmeln geschnitten.*
6 *Fertiger Teig für Semmelknödel.*

Anglerglück durch Knödelreste

Geheimtip eines Petrijüngers zur Knödel-Resteverwertung: Neben dem Quentchen Glück, speziell beim Karpfen- und Schleienangeln, braucht man nur ein Bröckchen Semmelknödel an den Angelhaken zu geben, um so dem Erfolg ein großes Stück näher zu sein. Auch Knödelteig (speziell von Semmel- und Kartoffelknödeln, von gekochten Kartoffeln am besten) ist als Köder begehrt.

Grieß-, Mehl- und Reisklöße

In vielen Landstrichen des »Reiches« waren Grießknödel einst so begehrt, daß man sie zu Festtagsknödeln erhob. Auch hier gibt es natürlich viele Rezeptvarianten um ein Thema: Der Grießknödelteig wird mit rohen und gekochten Kartoffeln vermischt, er wird nicht nur mit Salz, sondern auch mit Muskat vermengt, Semmeln und Speck werden hinzugegeben, da und dort füllt man sie, bäckt sie, verleiht ihnen einen süßen Beigeschmack, hilft mit Backpulver nach, so daß sie besonders locker werden. Grießknödel gibt es also in Varianten von der Suppeneinlage bis zum Nachtisch.

Gebackene Grießklöße

250 g Grieß, ½ l Milch,
80 g Butter, Salz,
4 Eier, Muskat,
2–3 Scheiben Zwieback,
Butter zum Herausbacken

Der Grieß wird in die stark kochende Milch eingerührt, die Butter hinzugegeben und bei schwacher Hitze zu einem steifen Brei gerührt. Wenn sich der Teig vom Topf zu lösen beginnt, rührt man ihn am Tisch weiter, läßt ihn leicht erkalten, mischt die Eier darunter und gibt Muskat hinzu. Die Klöße sollen so groß geformt werden wie eine Kinderfaust, so steht es in einem alten böhmischen Kochbuch zu lesen. In dem gestoßenen Zwieback gewälzt, werden sie dann in heißem Fett gar gebraten. Wenn man sie als Nachspeise, z. B. zu Obst, serviert, werden sie mit Zucker und Zimt bestreut.

Festtagsknödel aus dem Bayerischen Wald

1 l Milch, Salz, Muskat,
50 g Butter, 200 g Grieß,
3 EL Butter oder Schweineschmalz,
250 g altbackenes Weißbrot,
2 Eier, ⅛ l saurer Rahm

Zuerst wird die leicht gesalzene Milch mit Muskat gewürzt und mit der Butter aufgekocht. Dann wird der Grieß unter ständigem Umrühren zugegeben. Wenn nach ca. 5 Minuten der Grieß aufgequollen ist, wird das in kleine Würfel geschnittene, in Butter oder Schmalz angeröstete Weißbrot hinzugemengt. Unter diesen Teig werden die Eier und der saure Rahm gerührt und alles kräftig durchgemischt. Der Teig muß nun gut ½ Stunde quellen. Dann erst werden die Knödel geformt, die in kochendem Salzwasser in gut 15 Minuten garziehen. Zum Servieren kann man sie mit heißer Butterschmelze übergießen.

Bayerische Grießknödel

½ l Milch, Salz, 200 g Grieß,
3 Eier, 50 g Butter, 2 alte Semmeln,
Zwiebelringe

Die etwas gesalzene Milch wird zum Kochen gebracht und mit dem eingestreuten Grieß solange verrührt, bis sich ein steifer Brei bildet. Diese Masse muß etwas abkühlen, dann werden die Eier eingerührt und die leicht in Butter gerösteten Semmelwürfel damit vermengt. Daraus formt man kleine Knödel, die man in kochendem Salzwasser ungefähr 20 Minuten garziehen läßt. Beim Servieren werden sie mit gerösteten Zwiebelringen bestreut.

617. Gries-Klöße.

Man rührt 150 Gramm Butter mit 4 Eiern gut ab und vermengt dieses dann mit 1/2 Liter Milch und 3/4 Liter Gries, das man hierauf 1 Stunde stehen läßt. Alsdann ballt man mit zwei naßgemachten Löffeln runde Klöße von der Masse uud legt diese in kochendes Salzwasser; haben sie eine Viertelstunde gekocht, unterbricht man das Kochen durch etwas kaltes Wasser, läßt sie abermals eine Viertelstunde kochen und sind die Klöße ganz locker, haben aber einen nußgroßen, gelben Kern in sich, hebt man sie aus dem Wasser auf eine Schüssel, begießt sie mit der etwas fetten Brühe und gibt sie zur Tafel.

618. Gries-Klöße anderer Art.

Rühre 2/5 Pfund Butter schaumig, gib nach und nach 9 Eier daran und 1 Pfund Gries, lege davon eigroße Klöße in kochendes Salzwasser und lasse sie eine halbe Stunde kochen, während dessen man zweimal mit etwas kaltem Wasser das Kochen unterbricht, wodurch sie sehr groß und locker werden. Zu Ragout sind diese Klöße sehr gut.

619. Gries-Klöße anderer Art.

Koche 1/2 Liter Milch mit einem Stückchen Butter und lasse soviel Gries einlaufen, bis es ein dicker Brei wird. Ist er erkaltet, gib 6 Eier, ein wenig Salz und ein paar Hand voll Mehl dazu, sowie auch 2 Mundbrode zu Würfeln geschnitten und in Schmalz geröstet, rühre alles gut unter einander, formire Klöße daraus und koche sie in Salzwasser. In einer Viertelstunde sind dieselben fertig.

Aus: Baierisches National-Kochbuch.

Grießknödel mit Petersilie

125 g Butter, 3 Eier,
2 EL Petersilie,
Muskat,
Salz, 1 TL Backpulver,
250 g Grieß,
Butter zum Begießen

Die Butter (ein bißchen mehr kann nicht schaden) wird schaumig geschlagen. Dann rührt man die Eier, die gehackte Petersilie und die Gewürze ein, schlägt die ganze Masse nochmals gut durch und vermischt sie mit Backpulver, bevor der Grieß eingerührt wird. Nach einem viertelstündigen Ziehen und Quellen werden nicht allzu große Knödel geformt, die, in kochendes Salzwasser eingelegt, in gut 10–15 Minuten garziehen. Vor dem Servieren übergießt man die Knödel mit gebräunter Butter.

Böhmische Kartoffelknödel mit Grieß

6 große, gekochte Kartoffeln,
500 g Grieß, 1 alte Semmel,
1 EL Butter, 2 Eier, Salz

Die gekochten Kartoffeln werden mit dem Kartoffelstampfer fein zerdrückt und mit dem Grieß vermengt. Dann wird die in kleine Würfel geschnittene Semmel in Butter leicht geröstet, die Eier daruntergerührt, gesalzen, gemeinsam mit der gestampften Kartoffelmasse durchgeknetet und zu Knödeln geformt. Diese werden in kochendes Salzwasser eingelegt, wo sie in ca. 20 Minuten garziehen. Vor dem Servieren werden sie mit heißer Butter-Semmelbrösel-Schmelze schön gleichmäßig übergossen.

Egerländer Grießglitscha

1,5 kg rohe Kartoffeln, 5 gekochte Kartoffeln, 80 g Grieß, ⅛ l Milch, 2 altbackene Semmeln, Salz

Die rohen Kartoffeln werden gerieben und dann genauso wie bei Reibeknödel in einem Tuch ausgepreßt. Auch die gekochten Kartoffeln werden gerieben und gemeinsam mit den ausgepreßten rohen Kartoffeln, Grieß, Milch und den Semmelwürfeln vermengt. Mit Salz wird das Ganze abgeschmeckt. In kochendem Salzwasser müssen die Egerländer Grießglitscha rund ½ Stunde garziehen.

Grießknödel auf die süße Art

300 g Grieß, 1 l Milch, 50 g Butter, 3 Eier, Zucker, abgeriebene Zitronenschale, Salz

Der Grieß wird in die kochende Milch eingerührt. Der Brei soll so lange quellen, bis sich eine teigige Masse bildet. Das Ganze nimmt man dann vom Herd, rührt die Butter, die Eier, den Zucker (je nach Geschmack) und die Zitronenschale darunter, salzt ein wenig und läßt den Teig erkalten. Die nicht zu groß geformten Knödel werden in leicht kochendes Salzwasser eingelegt, wo sie in etwa 10 Minuten garziehen. Vor dem Servieren streut man in Butter geröstete Semmelbrösel darüber und reicht dazu nach Belieben Kompott oder auch warme Vanillesoße.

*

Es ist ja hinreichend bekannt, daß gute Köchinnen nie verlegen sind, wenn es gilt, eine schmackhafte Speise auf den Tisch zu bringen. Vor allem im vorigen Jahrhundert machte die Not oft eine Tugend und erfand so manch gutes Rezept. Und diese Not-Rezepte erwiesen sich zumeist sogar als ganz akzeptable kulinarische Köstlichkeiten. Ein Beispiel aus Österreich und Südtirol fand ich in einem Kochbuch um die Jahrhundertwende.

Tiroler Klöße
(Originalrezept)

»½ Pfund Mehl giebt man in eine Schüssel, thut Salz, 2 Eier und etwas kaltes Wasser oder kalte Milch dazu und bereitet davon einen ziemlich lockeren Teig. Dann kommt ½ Pfund in kleine Würfel geschnittenes und in Fett geröstetes Weißbrot, unter welchen sich einige Zwiebelschnitten befinden dürfen, sowie 125–200 Gr. kleingehackter Schinken oder Rauchfleisch (abgekocht!) dazu. Je mehr Fleisch man nimmt, um so besser werden die Klöße; auch ein Ei mehr verbessert sie. – Man rollt von der gut gemischten Masse halb handgroße Klöße und kocht sie in brausendem Salzwasser, bis sie inwendig ganz trocken sind. – Das Fleisch dazu nimmt man von solchen Stücken, die sich nicht gut auf den Tisch bringen lassen; alle reinschmeckenden Abfälle der genannten Fleischsorten sind verwendbar. Man gibt ein wenig geschmolzene Butter (und darin gelbgeschwitztes geriebenes Weißbrot) darüber und eine Schüssel Sauerkraut oder Kopfsalat dazu. Bei bescheidenen Ansprüchen bieten sie für einen gewöhnlichen Tisch eine ebenso nahrhafte und wohlschmeckende als billige Hauptschüssel nach der Suppe; es braucht nichts mehr zu folgen.«

Mehlklöße aus Pommern

500 g Mehl,
2 Eier, Salz,
½ l Milch,
5 altbackene Semmeln,
Butter

Das Mehl und die Eier werden gesalzen und mit der Milch zu einem lokkeren Teig zubereitet. Die abgeriebenen, in kleine Würfel geschnittenen Semmeln werden zuvor in Butter leicht geröstet und anschließend dem Teig beigemischt. Alles gut durchgeknetet, entsteht dann der Knödelteig, den man zu kleinen Klößen formt, die in Salzwasser etwa 10 Minuten garen.

Niederbayerische Griebenknödel

2 Scheiben Schwarzbrot,
250 g Grieben,
1 Zwiebel, 2 Eier,
250 g Mehl,
Salz, Pfeffer

Grieben bekommt man, wenn Schweinespeck ausgelassen wird und dabei knusprige Speckstückchen entstehen. Im weiß-blauen Freistaat kann man sie überall beim Metzger kaufen. Die Grieben werden abgesondert, das ausgelassene Fett extra verwendet.
Das Schwarzbrot wird in kleine Würfel geschnitten und mit den ausgelassenen Grieben, der feingehackten Zwiebel, den Eiern und dem Mehl vermischt. Alles wird gut durchgeknetet und mit Salz und Pfeffer abgeschmeckt, bevor man kleine Knödel formt, die dann gute 20 Minuten in leicht siedendem Salzwasser gegart werden.

Mehlspeisen,

gewöhnliche und feinere.

1. Mehlknödel.

Treibe ein Stück frische Butter ab, schlage darein nach und nach 6 ganze Eier, nach jedem Ei gib eine Hand voll Mehl und einen Löffel voll süßen Schmetten, salze es, treibe es recht ab, gib dazu eine würflich geschnittene, im Schmalz goldgelb geröstete, ausgekühlte Semmel, arbeite es recht ab, und zuletzt verrühre darein so viel Mehl, damit der Teig gehörig fest werde, so zwar, damit, wenn man mit der flachen Hand darauf schlägt, er sich nicht an die Hand klebe; hernach mache große Knödel, koche sie in siedendes Salzwasser ein und laß sie recht aufkochen, damit sie in der Mitte nicht roh bleiben; dann nimm sie heraus, schneide einen jeden in vier Theile, bestreue sie mit geriebener Semmelrinde, begieße sie mit heißer Butter und trage sie auf. Diese Knödel sind zum schwarzgesottenen Karpfen vortrefflich.

Aus: Hausköchin (siehe Seite 106).

Niederbayerische Bauernknödel

500 g Mehl, 5 Eier,
Schnittlauch, Salz,
1 Tasse Sauermilch,
Fett zum Ausbacken

In das Mehl werden die Eier geschlagen, der gehackte Schnittlauch darüber gestreut und das Ganze mit Salz abgeschmeckt. In den Teig wird dann etwas Sauermilch gerührt, bis sich eine einem dünnen Spätzleteig entsprechende Konsistenz ergibt. In eine hochrandige Pfanne gibt man entsprechend Fett, das man zum Sieden bringt. Darin bäckt man dann die klein geformten Knödel heraus, was am besten im abgedeckten Zustand geschieht. Während des Backvorgangs sollen die Knödel einige Male umgedreht werden, damit sie gleichmäßig braun werden.

Reisklößchen gebacken

125 g Reis, ¼ l Wasser,
1 Ei, etwas Zitronensaft,
1 EL Butter, 2 EL Zucker,
1 Prise Salz

Den Reis gibt man in kochendes Wasser und läßt ihn ausquellen. Er wird dann mit dem Ei, dem Zitronensaft (oder abgeriebene Zitronenschale), der Butter, Zucker und Salz vermischt. Aus dem abgekühlten Reisklößchenteig werden kleine Klößchen geformt und bei Mittelhitze auf einem Backblech in gut 10 Minuten hellbraun gebacken. Diese gebackenen Reisklößchen sind vor allem als Beilage zu Obstsuppen gedacht. Sie können aber auch in kochendem Wasser gegart werden.

Süße Reisklöße

1 l Milch, 400 g Reis,
Salz, 1 EL Butter,
4 Eier, 3 EL Zucker,
1 Eiweiß, Semmelbrösel,
Fett zum Ausbacken,
Zucker, Zimt

Milch, Reis und Salz werden gemeinsam mit der Butter zu einem dicken Brei gekocht, in den man dann die verquirlten Eier und den Zucker einmischt. Das alles erfolgt bei mittlerer Temperatur auf der Herdplatte, so daß man die nicht zu kleinen Klöße aus der heißen Reismasse formen kann. Zum Erkalten legt man sie auf ein nasses Brett. Wenn sich die Konsistenz gefestigt hat, werden die Reisklöße in dem verquirlten Eiweiß und den Semmelbröseln gewälzt und in schwimmendem Fett braun ausgebacken. Vor dem Servieren bestreut man sie mit Zucker und Zimt.

Süße Mandel-Reisklößchen

150 g Reis, ¾ l Milch, 50 g Butter,
50 g Zucker, 50 g geriebene Mandeln,
Salz, Zimt, 2 Eier, Semmelbrösel
nach Bedarf, Butter zum Ausbacken

Der Reis wird in der Milch gemeinsam mit Butter, Zucker, Mandeln, Salz und Zimt zu einem Brei gekocht. Wenn der Brei erkaltet ist, werden die Eier und so viel Semmel- oder auch Zwiebackbrösel daruntergerührt, daß man aus diesem Teig schöne, kleine Klößchen formen kann. In ungefähr 3–5 Minuten werden diese in heißer Butter goldbraun herausgebacken.

*

Knödel-Erinnerungen an die alte Heimat Schlesien

Knödelrezepte machten nie vor Grenzen halt. Und erinnern sich Menschen, die ihr Leben fernab von den Stätten ihrer Kindheit und Jugend verbringen, an ihre alte Heimat, dann wird stets auch der lockende Duft aus den Küchen ihres Stammlandes ihre Erinnerung bereichern. Nicht anders ist es bei den Schlesiern, die beim Wort Heimat auch an ihre Klöße und Klößel denken. Nach ihrer eigenen Aussage gehört zum »Schlesischen Himmelreich« der Dreiklang aus Fleisch, Klößen und Backobst. Es gab keinen Schweinebraten, neben dem Knödel nicht einträchtig rund und locker beim Sauerkraut lagen.
Klößerezepte standen auch bei dem im Jahre 1812 von Johannae Augustae Schaar in Freystadt, Niederschlesien, herausgegebenen Kochbuch an erster Stelle und hier wieder allen voran die »Schlesischen Erdtoffelklößchen«.

Schlesische Erdtoffelklößchen

»Reibe gekochte Erdtoffeln auf einem Reibeisen, tue ⅓ Mehl dazu, mache daraus einen Teig von Eiern, geschmolzener Butter, Milch, Zitrone, Salz, Pfeffer, mache daraus runde Klößchen, bestreue sie außen herum mit Mehl und koche sie in einer Kasserolle mit Wasser, nimm ferner eine gute Portion Zwiebeln, schneide sie klein und brate sie in Butter gelb, richte die Klöße auf einer Schüssel an und gieße die Butter und Zwiebel darüber.«

*

Eine echte schlesische Spezialität sind ferner die Hefeklöße (Seite 80), die man mit Pflaumentunke genießt. Ein eigenes »Kließlalied« besingt diese schlesische Liebe zu ihren Klößen:

Ohne Kucha, ohne Baba,
koan der Mensch ganz gutt bestiehn,
muuß a ohne Kließla laba,
da muuß a zugrunde giehn.

Gerade aber auch an Weihnachten werden bei gebürtigen Schlesiern und deren Kindern Erinnerungen an eine besondere Knödelgabe, die Mohnklöße, wach. Sie durften keinesfalls auf der Festtafel fehlen und waren bei alt und jung gleichermaßen beliebt. Philipp Bonn, der Herausgeber des »Breslauischen Erzählers«, hat dem Mohnklößel bereits im Jahre 1800 eine eigene Hymne gewidmet, in der er das Rezept mit besonderer Liebe zum Nachmachen aufbereitet, Hinweise auf den Ursprung dieses weihnachtlichen Gerichts gibt und so mit einem liebenswerten Stück Schlesischer Geschichte vertraut macht:

Mohnklößel

Wenn das Fest des heiligen
Christs erscheint und das Neujahr,
eilet mit bläulichem Mohn
der fleißige Kräuter zu Markte,
denn wir bereiten ein eignes
Gericht dem doppelten Feste.
Dünne Scheiben von Semmel
gemacht und salzigem Striezel,
werden zuerst in süßlicher
Milch gebrüht, und in Schichten
sauber getürmt, indes für
Zwischenräume der Lage
jegliche Schicht durchnetzt
geschmolzener Zucker, auch Honig,
bis ein duftender Berg aus
mohnbestreutem Geäder
hoch sich über die Schüssel
erhebt, im kälteren Zimmer abgekühlt
und dann mit zuckernem Staube bepudert.
Also pranget ein herrlicher
Berg aus felsigen Schichten
bei der Schöpfung Beginne
geformt, es scheidet die
Teile Kies und fester Granit,
mit schwarzem Moose durchwachsen,
aber den Rücken und Fuß umhüllt der Teppich des Schnees.
Manche wählen anstatt der
Scheiben gekneteten Mehlteig,
in der siedenden Flut zu
festen Klumpen gedichtet,
oder dünner gerollten Teig,
man nennet ihn Nudeln.
Manche zerstücken das ganze
Gericht zu schwimmendem Breie.
Aber in welcher Gestalt du
es schmausest, meide zu trinken
Wein und Bier; es schließe
den Schmaus die Nuß und der
Striezel.
Kennest den Ursprung du nicht,
o Muse, dieses Gerichtes,

für Weihnachten allein bestimmt
und jegliches Neujahr?
Zwar es liebten die Römer
vorlängst den Mohn und den
Honig,
formten Speisen daraus, und
opferten selber dem Janus,
wenn der Erstling des Jänner
erschien, ein lieblich Gebäcke
aus gesüßeter Milch und Mehl und
Honig und Magan (Mohn).
Oder wählten vielleicht selbst unsere Ahnen mit Klugheit,
leichter die langen Nächte
zu ruhn und fester zu schlummern,
eben zur Zeit des kürzeren
Tags den schläfernden Mohnkopf?
Aber warum ist solches Gericht
nur wenigen Kreisen
außer Silesias Grenzen bekannt?
Saxoniens Söhnen
mundet es selten; es schmäht
die edle Süße der Märker.
Doch du schweigest: es ziemt
dir nicht, vergraute Papiere
mühsam zu durchspähn und
manche dürftige Chronik,
ob Augustus zuerst Mohnklößel
aß oder Bolko?

In Breslaus Altstadt ist dem schlesischen Kloß oder Klößel ein Denkmal besonderer Art gesetzt, von dem man eigentlich nicht weiß, was den Erbauer bzw. den Architekten dazu bewogen hat. Eines der Tore, die zum Breslauer Dom führen, ist von einer steinernen Kugel gekrönt und trägt bis zum heutigen Tage den Namen Klößeltor.

*

»Er frißt sich knöteldick . . .«

Das barocke Leben der Bayern ist seit altersher ohne eine dampfende Schüssel Knödel undenkbar. Ja, dieses Klischeebild ist ebenbürtig mit den schuhplattelnden Bayern, auf deren kantigem Schädel ein Trachtenhut mit Gamsbart sitzt, gleich auch dem Bayern, der als Kraftsport das Fingerhakeln und Steinheben bevorzugt, für den die knusprige Schweinshaxe die Lieblingsspeise schlechthin ist und der sich dem Wettessen von Knödeln ergibt.
Der Chronist Karl Julius Weber schrieb im Jahre 1826 über die Eßgewohnheiten der Bayern: »Cartoffel gibt er lieber seinen Schweinen, und zieht Knötel, Dampfnudel, Wespennester, Bauchstecherl und fette Mehlspeis vor – er frißt sich knöteldick, und trinkt viel Bier dazu – und nun frage man noch, warum er faul und phlegmatisch sey?«
Auch in den peripheren Gebieten, so z. B. im Bayerischen Wald, zählte der Knödel zum Volksnahrungsmittel Nummer eins, was auch aus dem Physikatsbericht der Landgerichte Regen und Viechtach aus dem Jahre 1858 ersichtlich ist. Der zuständige Physikus schreibt in seinem Bericht an den König: »Die Nahrung ist vorherrschend vom Pflanzenbereich. Auf dem Lande wird jährlich nur dreimal Fleisch gegessen; um Ostern, Weihnachten und zur Kirchweih; am liebsten Schweinefleisch, in großer Masse, so daß mancher zwei bis drei Pfund zu sich nimmt, nebst drei bis sechs Knödeln mit vielen Kücheln und zwar ohne Beschwerden.«

Leut' gibt's wia (wie) Grießknödl,
nur net so rund.
(Bairisches Sprichwort)

Hefeklöße

Schlesische Hefeklöße

30 g Hefe, ¼ l Milch, 500 g Mehl, 2 Eier, 1–2 EL Butter, Salz, Zucker

Gemeinsam mit der Hefe und der Milch wird das Mehl zu einem kräftigen Teig vermischt und verknetet, den man gut ½ Stunde gehen läßt, bevor man die Eier und die zerlassene Butter hinzugibt und den Teig mit Salz und Zucker abschmeckt. Daraus werden nicht allzu große Klöße geformt, die dann auf einem mit Mehl bestreuten Nudelbrett nochmals gehen sollen. Ein großer Topf mit siedendem Wasser wird mit einem Tuch locker überspannt. Darauf werden die Klöße gelegt, wobei darauf zu achten ist, daß man sie ziemlich weit auseinander legt, weil sie noch stark aufquellen. Mit einem hohen Deckel oder einer Schüssel zugedeckt, garen die Klöße im Wasserdampf in 10–15 Minuten. Die »Nagelprobe«, ob der Kloß auch fertig ist, macht man so: einen Knödel leicht mit dem Finger andrücken; nimmt die Oberfläche unmittelbar darauf wieder die ursprüngliche Form an, ist der Kloß »durch«. Vor dem Servieren reißt man ihn mit der Gabel auseinander, gießt heiße Butter hinein und bestreut ihn mit Zucker und Zimt. Pflaumenmus ist eine beliebte Beilage zu Hefeklößen.

Gefüllte Hefeklöße

Hefeklöße können gut als Zwetschgenknödel oder mit einer Nuß- oder Mohnfüllung zubereitet werden. Auch mit Korinthen gefüllt schmekken sie vorzüglich.

Böhmische Knödel mit Hefe

10 g Hefe, ⅛ l Milch, 300 g Mehl, 1 Ei, 3 Semmeln, 50 g Butter, 1 Zwiebel, 1 EL Petersilie, 1 TL Salz

Die Hefe wird zerbröselt, mit lauwarmer Milch übergossen und aufgelöst, Mehl und Ei zugefügt und alles kräftig durchgerührt. Am besten hilft man sich dabei natürlich mit einem elektrischen Handrührgerät. Anschließend muß der Teig rund ½ Stunde zugedeckt an einem warmen Platz gehen. Hernach werden die inzwischen in zentimetergroße Würfel geschnittenen, in heißer Butter gerösteten Semmeln beigegeben. Darauf wird alles mit den feingehackten oder sogar geriebenen Zwiebeln und der gehackten Petersilie gut durchgeknetet und gesalzen. Auf einem mit Mehl bestreuten Nudelbrett wird der Teig ausgerollt und zu einer Knödelrolle von 6–8 cm Durchmesser aufgerollt. Die Rolle soll allerdings nicht zu groß sein, weil sie ja noch in einen Topf passen muß, der mit siedendem Salzwasser gefüllt ist. Die hineingelegte Rolle muß ca. ½ Stunde garziehen und währenddessen ab und zu gedreht werden. Mit einem möglichst großen Schaumlöffel nimmt man den Böhmischen Knödel heraus und läßt ihn gut abtropfen. Nach kurzem Zuwarten wird die Knödelrolle mit einem dünnen Faden in ca. 2 cm dicke Scheiben geschnitten. Garniert werden die Böhmischen Knödel mit ein bißchen übergestreutem Schnittlauch.

Fünf Klöße und eine Gans,
fünf Kilo im Gewicht,
das ist dem Thüringer ein
Leibgericht.
(Thüringer Küchenweisheit)

Dampfende Knödel, eine Lieblingsspeise für Kinder seit eh und je.

Pfälzer Schwemmknödel
(Originalrezept)

»Man mache aus 500 g Mehl einen schönen Hefeteig und läßt ihn an einem warmen Platz aufgehen. Dann rührt man 100 g Butter mit 3 Eiern gut ab, röstet 2–3 in Würfel geschnittene Semmeln, nimmt etwas Zitronenschale, eine Handvoll Rosinen, etwas Salz und einen Eßlöffel Zucker und vermengt dies alles, dann bearbeitet man den Teig, bis er Blasen schlägt, formt Knödel, läßt sie nochmals aufgehen und kocht sie dann in siedendem Wasser. Sie werden mit brauner Butter und Semmelbrösel übergossen.«

616. Hefen-Klöße.

Man thut 1 Pfund Mehl in eine Schüssel, rührt mit 2 Eßlöffeln voll Hefe und 1/8 Liter warmer Milch einen Teig an und läßt ihn in der Wärme gehen. Dann gibt man 70 Gramm zerlassene Butter, 2 Eier, ein wenig Salz und noch etwas Milch dazu, schlägt den Teig recht fein ab, jedoch darf derselbe nicht zu dünn sein, und läßt ihn wieder gehen. Nun macht man große Klöße davon, legt sie auf ein mit Mehl bestreutes Nudelbrett und läßt sie noch ein wenig liegen. Hierauf legt man sie eine Viertelstunde vor dem Anrichten in kochendes Salzwasser und läßt sie zugedeckt und langsam kochen. Wenn sie gar sind, gibt man sie mit einem Schaumlöffel in eine Schüssel, reißt sie mit ein paar Gabeln auseinander (durch Schneiden werden sie fest) und schmelzt dieselben mit zerlassener Butter. — Man kann auch nur einen Kloß machen und ihn 2 Stunden vor dem Anrichten auf gedörrtes Obst zugedeckt langsam kochen lassen. Das Obst muß jedoch mit ziemlich vielem Wasser schon eine Weile gekocht haben, ehe der Kloß darauf gegeben wird, und gebe man Acht, daß die Brühe nicht über demselben steht, weil er sonst nicht so locker wird.

Aus: Baierisches National-Kochbuch.

Hefe-Serviettenklöße

»Jan im Sack«

3 Eier, ¼ l Milch, 50 g Butter,
500 g Mehl, 50 g Hefe, Salz,
200 g Rosinen, 1 EL Zitronat

In eine Schüssel schlägt man die Eier, verrührt sie gut, gibt die Milch hinzu (etwas abnehmen zum Anrühren der Hefe) und geschmolzene Butter. Das Mehl gibt man in eine eigene Schüssel, inmitten die Hefe, die man zuvor mit lauwarmer Milch anrührt, und die Eiermilch sowie etwas Salz. Der Mehlteig wird dann blasig geschlagen und soll an einem warmen Ort ½–1 Stunde aufgehen. Jetzt werden die zuvor gewaschenen, mit Küchenpapier abgetrockneten Rosinen gemeinsam mit dem feingehackten Zitronat eingeknetet. Der Teig muß gut 1 Stunde gehen und wird anschließend in ein zuvor befeuchtetes, ausgewrungenes, mit Mehl bestäubtes Tuch gegeben, wobei aber so viel Platz bleiben muß, daß der Knödel gut aufgehen kann. Der Kochtopf, in dem dieser Hefekloß garziehen soll, soll möglichst groß sein. Damit der Serviettenknödel nicht zu Boden sinken kann, wird auf den Boden des Topfes ein umgestülptes Schüsselchen gegeben und das Säckchen an einen Kochlöffel über den Topfrand gebunden. Gut 1½ Stunden dauert der Garprozeß im ständig leicht siedenden Wasser. Mit einer Stricknadel, die man durch den Serviettenkloß steckt, wird die Garprobe gemacht: beim Herausziehen der Stricknadel darf daran kein Teig kleben. Auch diesen Hefe-Serviettenkloß kann man mit einem festen Zwirnfaden durchschneiden. Zu servieren ist der »Jan im Sack« mit brauner Butter oder auch mit Früchtesoße. In Holland richtet man ihn mit Sirup an.

Germknödel

(Germ = Hefe)

15 g Hefe, 500 g Mehl, 2 Eier, 2 EL Zucker, 70 g Butter, ⅛ l Milch, Salz

Vorbereitend wird aus der zerbröckelten Hefe, etwas Mehl und etwas lauwarmem Wasser ein Gärteig bereitet, was im Süddeutschen und im Österreichischen auch »Dampfl« genannt wird. Dieser Gärteig wird dann mit dem restlichen Mehl, den Eiern, dem Zucker, der geschmolzenen Butter und der lauwarmen Milch zu einem Teig verknetet, der so lange geschlagen wird, bis er sich leicht vom Kochlöffel lösen läßt. Gut 1 Stunde muß der Teig nun zugedeckt an einem warmen Ort aufgehen. Anschließend schlägt man den Teig nochmals durch, formt Knödel in der Größe eines kleinen Apfels daraus und legt diese auf ein bemehltes Brett, wo sie dann erneut gehen können. Im Anschluß daran werden sie in siedendem Salzwasser gekocht, wobei darauf zu achten ist, daß der Topf möglichst groß ist, damit sich die Knödel nicht gegenseitig berühren und zusammenkleben. Aufgrund ihrer Größe brauchen sie eine viel längere Garzeit als normale Knödel, zudem schwimmen sie stets an der Oberfläche. Um den Grad des Garseins zu erproben, bedient man sich eines Strohhalms oder eines spitzen Hölzchens, womit man die Knödel anSticht. Klebt beim Herausziehen noch Teig daran, ist die Garzeit noch nicht beendet. Man soll diese Probe des öfteren wiederholen, denn die Knödel dürfen nicht verkochen, weil sie dann hart werden. Möglich ist es auch, die Germknödel im Dunst zu garen. Dafür spannt man über einen Topf mit siedendem Wasser ein Leinentuch und legt die Knödel darauf. Serviert werden Germknödel auf ganz verschiedene Art. Man kann heiße Butter darübergießen, sie mit Mohn oder geriebenen Nüssen bestreuen. Füllen kann man sie mit Zwetschgen- oder auch Marillenkonfitüre wie auch mit Kirschen.

Österreichische Hefeklöße

(Originalrezept aus der Zeit um die Jahrhundertwende)

»In ein Töpfchen schlägt man 1–2 Eier und gibt, wenn sie gut verrührt sind, ¼ Liter lauwarme Milch und 40 bis 50 Gr. geschmolzene Butter dazu. – ¾ Pfund Mehl leert man in eine Schüssel, macht ein Grübchen in die Mitte und giebt in dieses 15 Gr. angesetzte und aufgegangene Preßhefe, dann die Eiermilch, etwas Salz und je nach dem Gebrauch wie nach Geschmack ein wenig Zucker. Der Teig wird nun blasig geschlagen und dann an einen warmen Ort gesetzt, wo er ungefähr ¾ Stunde zum Aufgehen braucht. Wenn derselbe gegangen ist, arbeitet man ihn nochmals mit dem Kochlöffel ganz leicht durch und sticht dann Stücke von beliebiger Größe davon, die in Salzwasser gekocht werden, bis sie inwendig trokken sind. – Da die Klöße leicht zusammensinken, muß man sie sofort anrichten. Man giebt ein wenig braune Butter darüber und reicht Fleisch mit Beiguß oder Obst dazu.«

Altbayerische Schmausbriefe

Herr wie Knecht schworen in Altbayern seit altersher auf den Wahlspruch: Essen und Trinken hält Leib und Seele zusammen. Und damit alles seine Ordnung und Richtigkeit hatte, hielt man sich an altüberlieferte Schmausbriefe, die sich bis zurück ins Jahr 1699 feststellen lassen. Der Volkskundler Josef Schlicht hat uns einen besonders vollständigen und gewissermaßen als Rechtssatzung der bayerischen Küche aus dem Isar- und Aitrachgau der Jahre 1820 bzw. 1860 geltenden Bericht überliefert. Vor allem das Volk der Dienstboten pochte auf die Einhaltung dieser Schmausbriefe, war doch darin das Recht auf anständige Kost zu besonderen Festen im Jahresring verbrieft. Im Mittelpunkt stand natürlich, wie könnte es in diesem Landstrich anders sein, der Knödel. Ein paar dieser Festtage und die an diesen Tagen verbindlichen »Menüvorschläge« sollen hier herausgegriffen sein:
Am Neujahrstag gab's zum Mittagstisch eine Suppe, Semmelknödel, zwei verschiedene Fleischsorten und eine Halbe Bier pro Person. Am Auffahrtstag, Christi Himmelfahrt, standen ebenfalls Knödel und Fleisch zu Mittag im Mittelpunkt. Dazu gab's eine Schüssel voll Küchel und abends eine kleinere Mehlspeise. Pfingsten war seit jeher ein Hochfest nicht nur der Kirche, sondern auch der guten Speisen. Allem voran gab's Knödel und Fleisch, was auch am Prangertag, dem Fronleichnamsfest, gutes Brauchtum war. Diese Knödel- und Fleischverpflichtung setzt sich auch zu Michaeli und Kirchweih, zu Martini und Allerheiligen, fort. War nicht gerade Fastenzeit, dann war im Aitrachtal auch die Woche in Tage mit Fleischkost und fleischloser Kost eingeteilt. So konnten Knechte wie Mägde am Sonntag, Dienstag und Donnerstag zu Mittag mit Knödel und Fleisch, am Montag, Mittwoch, Freitag und Samstag dagegen nur mit Rohrnudeln rechnen.
Hoch her ging's dann beim Kirchweihfest, am sogenannten Allerweltskirta, am dritten Sonntag im Oktober. Das Erntejahr hat sich seinem Ende zugeneigt, in Kirche wie auf dem Tanzboden, in Haus und Hof ist die hohe Zeit des Kirchweihfeierns angebrochen. Das mußte natürlich seine Vorbereitung haben. Kirchweihkrapfen wurden gebacken, und vom Turmfenster der Pfarrkirche wehte der »Zachäus«, das Kirchweihfähnlein also, das jedermann verkündete, daß es nun zu feiern gilt. Der Volkskundler Josef Schlicht gibt Einblick in dieses urbayerische Fest, wenn er schreibt:
»Ähnlich sind auch die Dirnen (Mägde) samstags fertig, und da hat nun unsere bayerische Kirchnacht schon ihren fetten eigenen Abendschmaus. Es gibt Brühsuppe, Schweinernes, abgebräunte Würste, eine umfangreiche Schüssel mit Krapfen und Bier nach Durst. Allein so ohne weiteres ganz und gar faulenzen bei ihrem Trunke dürfen die Knechte denn doch nicht, vielmehr müssen sie das Semmelbrot für den morgigen Kirchweihknödel aufschneiden. Sie tun das mit erstaunlicher Feinheit: Schon um das Lob der Bäuerin zu ernten, aber weit mehr noch, um morgen recht herrschaftliche Knödel zu speisen. Die Dirnen sitzen gleichfalls um den Tisch und schnitteln und trinken mit. Es kommt im Mannsvolk nach und nach zum Räuschlein, vom Räuschlein kommt's zum Tanz und so wird zuletzt noch tapfer zwischen Stuhl und Bank und Tisch herumgesprungen . . .«

Käse- und Quarkklöße

Käseklöße

100 g Schweizer Käse, 80 g Butter, 1 Ei, Salz, Pfeffer, Semmelbrösel

Der Käse wird fein gerieben und mit der schaumig gerührten Butter verrührt. Anschließend gibt man das Ei hinzu, schmeckt alles mit Salz und Pfeffer ab und gibt so viel Semmelbrösel hinzu, bis sich daraus die Klöße formen lassen. In Fleischbrühe läßt man die Käseklößchen gut 5 Minuten garziehen.

Quarkklöße

500 g Quark, 100 g Butter, 3 Eier, 1 TL Backpulver, Salz, Muskat, Petersilie, 250–300 g Semmelbrösel

Der Quark wird durch ein Sieb gestrichen und mit den übrigen Zutaten vermischt, zuletzt mit den Semmelbröseln, mit denen man die Festigkeit des Teiges abstimmt. Die nicht zu groß geformten Knödel werden in leicht siedendes Salzwasser eingelegt, wo sie in gut 10 Minuten garziehen. Vor dem Servieren kann man sie zusätzlich noch mit angebräunter Butter übergießen.

Quarkklöße mit Grieß

100 g Butter, 350 g Quark, 150 g Grieß, 3 Eier, Salz, Semmelbrösel, Zucker

In die schaumig gerührte Butter werden der durchpassierte Quark, der Grieß sowie die Eigelb gegeben, alles leicht gesalzen und gut ½ Stunde beiseite gestellt. Anschließend wird das Eiweiß steif geschlagen, daruntergemischt und nochmals gut durchgerührt. Aus diesem Teig werden die Knödel geformt, die in leicht siedendem Salzwasser 10–15 Minuten garziehen. Vor dem Servieren werden sie mit angebräunten Semmelbröseln und Zucker bestreut.

Aus: Hausköchin (siehe Seite 106).

13. Quarkknödel.

Treibe 70 Gramm frische Butter ab, verrühre darein ½ Kilo angemachten Quark, treibe es recht ab, damit keine Knollen bleiben, dann schlage darein 4 ganze Eier, gib dazu 3 geriebene Semmeln, salze es ein wenig, und mische alles gut durch, hernach mache daraus schöne runde Knödel und koche sie im Salzwasser; wenn sie gar sind, nimm sie heraus auf die Schüssel, bestreue sie mit geriebener Semmelrinde, schmalze sie mit heißer Butter ab und trage sie zur Tafel.

Böhmische Topfenknödel

(Topfen = Quark)

*100 g Butter, 3 Eigelb, 1 Ei,
500 g Quark, 150 g Mehl, Salz,
Mohn, Semmelbrösel oder auch
Lebkuchen bzw. Parmesankäse*

Die Butter wird schaumig geschlagen. Anschließend rührt man die drei Eigelb und das ganze Ei ein, vermengt das Ganze mit dem passierten Quark und dem Mehl, salzt es, verrührt alles nochmals und läßt den Teig gut ½ Stunde ruhen. Die Knödel sollen nicht allzu groß geformt werden, bevor sie dann in Salzwasser 5–10 Minuten garziehen. Vor dem Servieren kann man ihnen eine besonders leckere Note dadurch verleihen, daß sie mit gestoßenem Mohn, angebräunten Semmelbröseln oder auch geriebenem Lebkuchen bzw. Parmesankäse bestreut werden.

Bayerischer Hochzeitsknödel

*80 g Butter, Salz, Muskat,
geriebene Zitronenschale, 4 Eier,
200 g durchwachsener Speck,
200 g Emmentaler Käse,
100 g Sauerkraut, 6 alte Semmeln*

Gemeinsam mit der Butter und den Gewürzen werden die Eier schaumig gerührt. Dazu mengt man die feingeschnittenen Speckwürfel, gibt den geriebenen Käse, das kleingehackte Kraut und die leicht angebräunten Semmelwürfel. Der Teig wird dann gut durchgeknetet, zu einem Knödel geformt und in einer nassen Serviette ca. 30 Minuten in Salzwasser gekocht. Beim Servieren wird der Knödel mit zwei Gabeln etwas aufgerissen, mit einer Tomate garniert und mit heißer Butter begossen.

Bayerische Käseknödel

*1 Zwiebel, 1–2 EL Butter,
1 Sträußchen Petersilie, 50 g Mehl,
250 g Emmentaler Käse, 2 Eier, Salz*

Die Zwiebel wird zuerst fein geschnitten, gehackt und in Butter leicht angedünstet, bevor sie zusammen mit der gehackten Petersilie und dem Mehl vermengt wird. Mit dem geriebenen Käse, den Eiern und dem Salz wird dann alles zu einem festen Teig vermengt und zu kleinen Knödelchen geformt, die in kochendem Salzwasser rund 15 Minuten garziehen müssen.

Österreichische Käseknödel

*100 g Butter, 3 Eier, 3 gekochte
Kartoffeln, 3 EL Mehl, Salz,
300 g Hartkäse, z. B. Emmentaler,
1 Birne, 50 g Semmelbrösel, Butter
zum Ausbacken*

In die schaumig gerührte Butter werden die Eier und die gekochten, geriebenen Kartoffeln gegeben. Darunter werden das Mehl, Salz und der geriebene Käse gemengt und alles gut verknetet, so daß ein fester Teig entsteht. Ausgewalzt oder mit der Hand flach gedrückt, werden kleine Teigblätter geschnitten, in deren Mitte man dann ein nußgroßes Stück Birne setzt. Um diese wird der Teig gewickelt, zu Knödelchen geformt, in Semmelbröseln mit nochmals geriebenem Käse gewälzt und schließlich in heißer Butter schwimmend goldbraun herausgebacken.

Semmelknödel zu Schweinshaxe.

1982
COTE DE BEAUNE-VILLAGES

Ein Prüfstein bei der Brautwerbung: Knödel und Klöße machen

Wer gut Knödel machen kann,
hat auch ein gutes Herz.

Oder:

Wer schöne Klöße formt,
kann auch gut tanzen.

Hausfrauenweisheiten gab man den heiratsfähigen Männern mit auf den Weg, wenn es galt, eine Braut zu suchen. Doch nicht nur in Bayern und Böhmen wurde die Perfektion des Knödelmachens als Tugend der Braut hoch bewertet, sondern auch im Schlesischen. So wie es eine Strophe des schlesischen Knödelliedes besingt, legte man darauf größten Wert, denn Knödel waren ja allemal ein Volksnahrungsmittel:

Schien ies monches junge Madel,
wenn ma se beim Tanze sitt,
aber schloo derrsch aus'm Schadel,
wenn se keene Kließla britt.
Schoade ferr die sichta Gänse,
mächta se Milljone hoan,
denn woas ies a Froovulk,
wenn se keene Kließla macha koan!

Es durfte also nicht so kommen, wie man landläufig von einer schlechten Knödelköchin erzählt, daß der Ehemann den ersten Knödel seiner Angetrauten später als Briefbeschwerer gebrauchen konnte. Sicher hat jene Köchin nicht nur die Zutaten etwas allzu »haltbar« ausgewählt, sondern auch den Ratschlag über die Garzeit nicht beachtet, daß die Knödel und Klöße nicht länger gekocht werden sollen, als man zum Beten des katholischen Glaubensbekenntnisses braucht.

Knödel-Allerlei.

Dieses Thema und dieser Ratschlag blieben bis in unsere Zeit ewig jung. Eine niederbayerische Zeitung beschwor es im Jahre 1964 mit einem Kommentar erneut, daß jenen Frauen, die Knödel machen können, die Zukunft gehört. Hier dieses »Originalrezept« für eine überaus hohe und vielgefragte Berufsqualifikation:

Den Knödeln gehört die Zukunft

Haben Sie etwa studiert? Dann war dies eine Fehlinvestition. Haben Sie etwa die Absicht, Ihre Kinder studieren zu lassen? Dann sind Sie nicht up to date. Sie täten besser daran, Ihre Sprößlinge ab dem dritten Lebensjahr täglich eine Stunde am Sandkasten zu unterweisen: im Drehen von Sand-Teig-Bällchen. Das hat seinen guten Grund. Die Zukunft gehört nämlich nicht den Elektronik-Ingenieuren, nicht den Industrie-Kapitänen und nicht den Public-Relations-Managern. Wer etwas werden, gut verdienen, bestens untergebracht und vom Chef getätschelt und gehätschelt werden will, darf nicht in geistige Regionen schweifen, er muß auf dem festen Boden bajuwarischer Tatsachen bleiben; bei den Knödeln. Ob es Kartoffel- oder Leberknödel sind, wer sie kunstgerecht zu drehen vermag, ist König. Oder meinen Sie etwa nicht, daß 500 DM netto und ein schönes Zimmer für eine jüngere Knödel-Köchin (die auch erst angelernt werden kann) ein königliches Salär sind? Der Rechtsreferendar, der Medizinal-Assistent und viele andere Jung-Akademiker, die eine ganze Reihe von Semestern an den Brüsten der Alma mater Wissen in sich gesaugt haben, wären jedenfalls heilfroh, wenn sie nur mit einer annähernden Dotierung ins Berufsleben treten könnten. Nun glauben Sie vielleicht, es wäre ein Witz? O nein. Jene Knödel-Köchin wird in der bayerischen Metropole zu diesen Bedingungen wirklich gesucht. Per Zeitungs-Inserat. Heute 500 DM und ein Zimmer. Was morgen? Was übermorgen? Die Aussichten sind gar nicht abzusehen. Laßt also Cicero ruhen, werft die Logarithmen-Tafeln in die Ecke, lächelt über jene, die sich mit fremden Sprachen abquälen. Dreht Knödel und ihr lebt besser.

Münchner Knödel-Lied

Der oa Knödl fangt zum Siadn o
Und der ander siadt aa,
Schaut der oa Knödl den andern o,
Weils der so schö ko.
Tua langsam, tua langsam,
Tua net a so gschwind,
Wia ma d'Knödl tuat macha,
Des woaß a jeds Kind!

Kirchweih-Knödellied

(Alte Ammergauer Liederhandschrift)

Die Muetter kocht unß Knödl,
än ganzen haffen voll, voll, voll,
didl, didl voll,
Körts zamä mitm bösä
(mit dem Besen zusammenkehren)
sye schmöckhen uns gar woll,
undt aber mahl
sey schmöckhen uns gar woll.

Egerländer Knödellied

Kannst du Knödel kochen –
frag' ich mich seit Wochen,
wie sie einst die Mutter
hat gekocht mit Butter.
Schön locker, zart und fein
und bitte nicht zu klein.
Dann sollst du für's Leben
meine Knödelköchin sein!

D'Wocha

(Alpenländisches Volkslied, 1. Strophe)

Was is heut für a Tag?
Heut is Montag, heut is Knödeltag!
Wann alle Tag Montag Knödeltag
wäre,
waar ma lustige Leut!

Die Bauernkost

(Waldlerische Volksweise, 4. Strophe)

Und kimmt amal a Fleischtag,
so g'freu'n ma uns halt scho',
Da gibt's vom Speck a Supp'n,
Is aa viel Wassa dro'.
Da kriag'n ma a paar Knödl'n,
dö geh'n mir über all's,
Und's Bröckerl Speck, dös
graw'lt,
daß's uns oft kratzt im Hals.

Altbairisches Knödl-Gstanzl

A bißl böhmisch, a bißl deutsch,
a Bröckerl Knödl, a Bröckerl
Fleisch,
a Batzerl Kraut und a gschwollne
Wurst,
gehn fürn Hunger und net fürn
Durst.

Aus: Walter Schmidtkunz, Das leibhaftige Liederbuch.

Knödelgsang.

Der oa Knödl fangt zum Siaden o
und der ander Knödl siadt scho – und
schaut der oa Knödl den andern o,
weils der so guat ko!

Und sunst iß i sechs Knödl, und
fallt a Fasttag aba ei(n), ja
na iß i grad fünfe – aba
größer müassn s' sei(n)!

Der Leb'rknödl und der Fastnknödl, ja
die ham si' zertragn – da
hat der Lebrknödl 'n Fastnknödl
vom Tisch abagschla-gn!

Bayrisches Scherzliedl in Schnadahüpfln, ähnlich mit obiger Weise im „Deutschen Volkslied I“ aus Niederösterreich. Dem Text kann auch so ziemlich jede andere Schnadahüpfl-Melodie unterlegt werden.

Wild- und Pilzknödel, Klopse

Niederbayerische Hasenknödel

1 Hase,
500 g durchwachsener Speck,
2 Eier, ½ Zwiebel,
3 Knoblauchzehen,
3–4 EL Semmelbrösel,
Salz, Pfeffer,
Paprika, 1 alte Semmel,
3–4 EL Rotwein,
Öl nach Belieben, 50 g Wildkräuter,
Kapern, abgeriebene Schale von
1 Zitrone, 2 TL Sardellenpaste,
1 EL Mehl

Es muß nicht unbedingt ein junges Häslein sein, sondern es kann sich auch um ausgewachsenes Wild handeln, das bereits mehrere Treibjagden überstanden hat, um in den Genuß einer besonderen Spezialität zu kommen, von der nicht nur alte Waidmänner schwärmen: dem niederbayerischen Hasenknödel. »A Haufn Arbeit is schon«, so seufzen erfahrene Waidmanns-Frauen, von einem gut abgehangenen Hasen, d. h. einem Hasen, der im Fell zwei bis drei Tage im Kühlen gehangen hat, das Fleisch von den Knochen zu schaben. Gemeinsam mit dem durchwachsenen Speck wird dann das Hasenfleisch durch den Fleischwolf gedreht. Diesem faschierten Fleisch, wie man in Österreich zu sagen pflegt, werden die Eier, die kleingehackte Zwiebel und Knoblauchzehen, Semmelbrösel (soviel man dazu braucht, damit der ganze Teig eine gewisse Festigkeit erreicht), Salz, Pfeffer und Paprika, die zuvor eingeweichte und dann wieder ausgedrückte Semmel oder auch Knödelbrot, Rotwein und ein bißchen Öl beigemischt. Einen pikanten Geschmack bekommt das Ganze, wenn man ein paar Wildkräuter zur Hand hat, Kapern, die zuvor klein gehackt werden, und Zitronenschale sowie Sardellenpaste hinzugibt. Auf das gute Durchkneten kommt es an, damit alles schön vermischt wird und die Knödel »Halt« kriegen. Zum besseren Binden kann man noch 1 EL Mehl hinzugeben. Die Knödel werden in kochendes Salzwasser eingelegt und so lange gekocht, bis sie an die Oberfläche steigen. Zu empfehlen ist dazu eine Kapern- oder Sardellensoße und als Beigabe ein frisches Schwammerlgericht.

Dijoner Kraftbrühe
In Dijon kennt man eine besondere Art von Wildklößchensuppe, die Consommé à la dijonaise. Hierbei werden die Wildklößchen, ganz gleich, ob aus Hasen-, Reh- oder Wildentenfleisch zubereitet, in einer Hühnerkraftbrühe serviert und mit Streifen von gepökelter Schweine- oder Rinderzunge garniert. Beim Klößchenrezept ist genauso zu verfahren wie beim Hasenknödel. Je nach Geschmack und dem persönlichen Ausprobieren kann jedoch eine individuelle Note zugegeben werden.

Dänische Wildklößchen

Ähnlich den Zutaten beim Hasenknödel kennt man in Dänemark ebenfalls ein Rezept für kleine Wildklößchen. Hier wird nur anstelle des Hasen eine Wildente enthäutet, beide Brusthälften ausgelöst und durch den Fleischwolf gedreht. Das Gerippe wie auch die Knochen der Keulen werden nach grobem Zerhacken etwas angeröstet und einer Wildkraftbrühe beim Klären beigefügt. Anders als die Hasenknödel werden die dänischen Wildklößchen als Wildsuppe serviert, d. h. es werden kleine Klößchen geformt, gegart und in einer Kraftbrühe mit pochierten Champignons serviert.

Pilzknödel

500 g Pilze, 50 g Butter, 8 alte Semmeln, 1 Tasse Milch, 3 Eier, 2 Eigelb, 2 EL Petersilie, Salz, Pfeffer

Die fein gesäuberten Pilze werden in kleine Scheibchen geschnitten und in Butter leicht angedünstet, bis ihre Feuchtigkeit völlig verdampft ist. Die alten Semmeln werden klein gewürfelt und mit heißer Milch überbrüht. Gut durchgezogen, werden sie mit den Eiern und dem Eigelb sowie der gehackten Petersilie vermengt, die Pilze hinzugefügt und entsprechend abgeschmeckt. Es soll ein geschmeidiger Knödelteig entstehen (evtl. noch etwas Milch zugeben oder, wenn der Teig zu weich ist, etwas Mehl einarbeiten). Die Knödel werden tennisballgroß geformt, in kochendes Salzwasser eingelegt, wo sie in etwa 20 Minuten garziehen. Pilzknödel sind eine spezielle Beilage zu fast allen Wildgerichten.

Tiroler Pilzknödel

5 alte Semmeln, 100 g Butter, ¼ l Milch, 4 Eier, Salz, 1 kleine Zwiebel, 2 EL Petersilie, 250 g Pfifferlinge

Die Semmeln werden klein gewürfelt, in 30 g Butter goldgelb geröstet, mit der Milch und den Eiern übergossen, gesalzen und dann einige Minuten stehen gelassen. Die restliche Butter wird erhitzt und darin die feingehackten Zwiebeln, die gehackte Petersilie und die geschnittenen Pilze gedünstet. Gemeinsam mit den Semmelwürfeln wird alles gut durchgeknetet und muß nochmals ½ Stunde ruhen. Die Klöße sollen nicht zu groß geformt werden. Falls erforderlich, kann zum Binden noch etwas Mehl daruntergestreut werden. Die Knödel in siedendes Salzwasser einlegen, in 20 Minuten garziehen lassen.

Böhmische Klopse
(Originalrezept)

»¼ kg Rindfleisch und ¼ kg Schweinefleisch schneidet man in dünne Scheiben, schabt das Fleisch mit einem scharfen Blechlöffel aus Sehnen und Fasern und hackt es fein. Ein eigroßes Stück Butter treibt man flaumig mit 1 Dotter ab, mischt den Schnee von 1 Klar (Eiweiß) und das Fleisch dazu, sowie etwas Citronenschale, 2 gebratene, passierte Kartoffeln, Pfeffer und wenig Neugewürz, sowie eine halbe geweichte und gut ausgedrückte Semmel. Man formt davon kleine Knöderln von der Größe eines kleinen Apfels, drückt diese etwas flach und kerbt sie gitterartig mit dem Rücken eines Messers ein. Dann brät man sie in einer breiten Pfanne mit Butter, fein gehackter Petersilie, Schnittlauch oder Schalotten ab, fügt noch den Saft von ½ Limone, ein wenig Wein und 1 feingewiegte Sardelle dazu, deckt sie zu und läßt sie noch einige Minuten dünsten. Man richtet sie im Kranze (en miroton) an, gießt die passierte Soße darüber und garniert sie mit in Butter schön gelb gebratenen Kartoffeln.«

Original Königsberger Klopse

Rezepte für Königsberger Klopse gibt es viele. Natürlich kennt man sie nicht nur in Ostpreußen, sondern auch in böhmische Kochbücher haben sie Eingang gefunden und somit Verbreitung über ganz Europa erfahren.

2 Semmeln, 1 große Zwiebel,
500 g Hackfleisch gemischt,
2–4 Sardellenfilets, 1 Ei, Salz,
Pfeffer, 1 l Fleischbrühe,
1 Lorbeerblatt, 50 g Mehl,
30 g Butter, 3 EL Zitronensaft,
1 Msp Zucker, 4 EL Kapern,
1 Eigelb, 6 EL Sahne, Weißwein

Die Semmeln werden in Wasser oder auch in Milch gut ¼ Stunde eingeweicht, dann ausgedrückt und in kleine Scheibchen geschnitten. Inzwischen wird die feingehackte Zwiebel leicht glasig gedünstet und unter das Hackfleisch und die Semmeln gemischt. Die feingeschnittenen Sardellenfilets und das Ei kommen hinzu, und alles zusammen wird kräftig durchgeknetet, mit Salz und Pfeffer abgeschmeckt und zu etwa 4 cm großen Klopsen geformt. In Fleischbrühe mit dem Lorbeerblatt müssen sie gut ¼ Stunde garziehen. Die Brühe nicht wegschütten, sondern, nachdem die Klopse mit einem Schaumlöffel herausgehoben wurden, weiterkochen und durchsieben.
In einer Pfanne läßt man Mehl in der heißen Butter unter ständigem Rühren hell anschwitzen und gießt das Ganze mit der verbliebenen Brühe auf und bereitet daraus eine pikante Soße, die mit Pfeffer, Zitronensaft, Zucker und Kapern abgeschmeckt wird. Mit Eigelb legiert und unter Zugabe der Sahne wird dann nochmals abgeschmeckt und mit ein bißchen Weißwein aufgegossen. In dieser Soße werden die Klöße kurz erhitzt und serviert.
Hat man keine Sardellenfilets zur Hand, kann man ersatzweise Sardellenpaste verwenden. Mit Sardellenpaste läßt sich auch die Soße pikant abschmecken.

Klops in Kaperntunke

1 Semmel, 1 Ei, Salz, Pfeffer,
1 kleine Zwiebel, 200 g Rindfleisch,
200 g Schweinefleisch, 30 g Butter,
30 g Mehl, ⅜ l Fleischbrühe, Salz,
Pfeffer, Saft von ½ Zitrone,
1 EL Kapern

Das eingeweichte Brötchen wird mit Ei, Salz, Pfeffer und der gehackten Zwiebel verrührt und mit dem gehackten Fleisch vermengt. Aus diesem Teig werden kleine Klopse geformt und 10 Minuten in Salzwasser gekocht.
Butter und Mehl werden goldgelb geröstet, mit der Brühe aufgegossen und gut durchgekocht. In dieser Soße, mit Salz, Pfeffer, Zitronensaft und Kapern abgeschmeckt, werden die Klopse nochmals erhitzt und sofort serviert.

*

Die Knödelschlacht zu Deggendorf

Mit Lebensmitteln soll man nicht schmeißen, so erzieht man die Kinder schon in frühen Jahren. Kommt ein charakterlicher Ausrutscher in dieser Richtung mal vor, so meist deswegen, weil ungehaltenen Ehemännern von ihren Angetrauten nicht die erwartete Essensqualität auf den Tisch gesetzt wurde. Zu

Mit steinharten Knödeln verteidigen die Deggendorfer ihre Stadt.

einer Lebensmittelwerferei, in unserem Fall zu einer Knödelschmeißerei besonderer Art, kam es oder soll es Mitte des 13. Jahrhunderts im Donaustädtchen Deggendorf im Niederbayerischen gekommen sein, so erzählt die Sage. Als nämlich nach dem Aussterben der Geschlechter der Grafen von Bogen und der Babenberger eine Erbauseinandersetzung größerer, ja sogar kriegerischer Art heraufbeschworen wurde, war ein Kriegsheer des Königs Ottokar von Böhmen hinab an die Donau gezogen, um das Recht auf Erbe zu begehren und durchzusetzen. Dörfer wurden verwüstet, und nur die Stadtmauern von Deggendorf konnten das kriegerische Heer aufhalten. Einmal sollen die Böhmen just um die Mittagszeit, als man annahm, auch die Stadtverteidiger wären bei geruhsamem Mahle, zum Sturmangriff geblasen haben. Mit steinernen Kugeln und Pechkränzen wurden die Deggendorfer traktiert. Doch diese waren nicht von ihren Stellungen gewichen, weil ihnen ihre treuen Gattinnen das Mittagessen zu den Wehranlagen gebracht hatten.

Soweit der geschichtliche Hintergrund. Doch die Sage schildert den Hergang noch genauer. In Deggendorf erzählt man sich nämlich, daß man den Böhmen nicht nur mit zeitgemäßem Kriegsgerät »antwortete«. Auch die tapferen Frauen des kleinen Städtchens sollen sich besonders wehrhaft gezeigt haben. Als die ersten böhmischen Krieger die Sturmleitern an die Stadtmauern anlegten, rückten die Frauen mit Suppenschüsseln vor, übergossen die Soldaten mit siedendheißem Knödelwasser und schleuderten ihnen hartgesottene Knödel ins Gesicht. Das, so erzählt die volkstümliche Überlieferung, soll die Kriegsschar des Königs Ottokar nach langer Belagerungszeit endgültig mürbe gemacht haben, da sie ja nun nicht mehr glauben konnten, die Deggendorfer wären ausgehungert, und eine baldige Übergabe der Stadt sei in absehbarer Zeit zu erwarten.

Augsburgisches
Kochbuch

ausgearbeitet

von

S. J. W.

Sechzehnte einzigrechtmäßige Original-Auflage.

Augsburg:

in der J. Wolffischen Buchhandlung.

1826.

Das feindliche Kriegsheer soll daraufhin von seinen Eroberungsplänen abgelassen, Deggendorf umgangen und das Weite gesucht haben. Die Stadt also blieb von einer Plünderung verschont.
Das Weitersagen vom Hörensagen ließ aber noch weitere Versionen über den Ursprung der Deggendorfer Knödel entstehen. So zum Beispiel, daß ein Bürgerwehrmann den von seinem angetrauten Weibe gebrachten steinharten Knödel voller Verdruß den Böhmen entgegengeschleudert haben soll. Sicher eine Geschichte, die den Knödelmacherinnen von damals keinesfalls schmeichelt. Deshalb glaubt man heute mehr jener überlieferten Variante, die den Knödel in die schicksalhafte Hand der Deggendorferinnen als Knödelwerferinnen legt. Ihnen haben die Stadtväter im Jahre 1984 ein Bronzedenkmal gesetzt, das man sich allerhand Geld kosten ließ. Doch schon in den Jahrhunderten zuvor erinnerten sichtbare Zeichen an den Deggendorfer Knödel. An der Südseite des Deggendorfer Rathauses fallen zwei mit Eisenketten an der Südseite befestigte Steinkugeln auf, die immer wieder als Deggendorfer Knödel vorgestellt wurden. Woher aber diese kopfgroßen Steinschusser stammen, darüber gibt es nur Vermutungen. Manche halten sie für Kanonenkugeln, andere wiederum für Foltergerätschaften oder Fußfesseln für Strafgefangene.
Deggendorfer Knödel-Erinnerungen entstanden auch in der Inflationszeit von 1918 und 1920. Das damals herausgegebene Notgeld hat unter anderem die Verteidigung mit dem Deggendorfer Knödel zum Motiv. Auch ein Heimatspiel von 1927 mit dem Titel »Knödel und Schwammerl« von P. Gallus Ritter OSB aus dem Kloster Metten wurde diesem Stück sagenhafter Heimatgeschichte zugedacht.
Kein Wunder also, daß sich aus so viel Knödelei auch ein eigenes, originelles Knödelrezept entwickelte.

Deggendorfer Knödelrezept

Pro Deggendorfer Knödel sollen als Zutaten 100 Gramm Mehl, 1 Ei, 1 Eßlöffel Fleischbrühe, 1 Prise Salz, etwas Backpulver und 1 Eßlöffel Milch vermengt werden. Dem gekneteten Teig ist feingeschnittenes Schwarzbrot (pro Knödel eine Scheibe) beizumengen. Der so verarbeitete Knödelteig wird um eine in Milch eingeweichte Semmel (ohne Semmelrinde) geschlagen. Die Knödel sind darauf, entsprechend sorgsam geformt, in einen großen Topf mit siedendem Wasser zu geben, worin sie eine halbe Stunde auf den sofortigen Verzehr zu warten haben.

Und wer einmal die Donau hinabpaddelt, an ihren Ufern entlang spaziert oder fährt und dabei Rast im Donaustädtchen macht, wird erleben, wie allgegenwärtig der Deggendorfer Knödel auf allen Speisekarten der einheimischen Gastronomie ist.

Knödel verschonten vor Landesverweisung

In seinem Kommentar zum bayerischen Landrecht (1693) betonte der gelehrte Kanzler Kaspar von Schmid, bayerische Landeskinder seien deswegen mit der Landesverweisung zu verschonen, weil sie ihnen »Nudl und Knödel halber« besonders schmerzlich falle.

Klöße mit Obst: die süßesten Knödel

Nicht nur als Vor- und Hauptspeise, sondern auch als Nachspeise stand der Knödel bzw. der Kloß allemal seinen Mann auf allen Speisekarten. Am bekanntesten natürlich sind die Zwetschgen- und Marillenknödel, wobei aber Aprikosenknödel und Apfelklöße, Kirschknödel, Apfel- und Rhabarberklöße ebenfalls nicht zu verachten sind. Doch nicht nur auf die Früchte kommt es an, sondern auch auf den Teig. Zumeist wird für Zwetschgen- und Aprikosenknödel ein Teig aus gekochten Kartoffeln empfohlen. Doch auch ein Teig aus Quark (Topfen), ein Hefeteig, Nudel- und Strudelteig läßt sich gut verwenden. Ganz gleich welcher Teig, er muß gut binden und darf beim Formen der Knödel keine Risse hinterlassen, da sonst Gefahr besteht, daß die Knödel während des Garziehens aufgehen und den süßen Inhalt im siedenden Wasser verlieren. Zum Servieren sollten die süßen Knödel mit gerösteten Semmelbröseln oder mit Zimt und Zucker überstreut oder in Butter leicht angebräunt werden. Als Fastenspeise empfiehlt Magdalena D. Rettig in ihren »Leichtfaßlichen und bewährten Anweisungen, auf die vorteilhafteste und schmackhafte Art Fleisch- und Fastenspeisen jeglicher Gattung zu kochen, zu backen und einzumachen« 1888 als bewährte böhmische Köchin die Zubereitung von Zwetschgenknödeln:

Zwetschkenknödel

»Treibe 70 Gr. Butter auf einer Schüssel ab, schlage darein vier ganze Eier und zwei Dotter, gieße daran 3 Deciliter Milch, füge hiezu 140 Gr. geriebenen Quark, salze es ein wenig und verrühre darein so viel feines Mehl, damit daraus ein festerer Teig als zu kleinen Buchteln wäre, und arbeite ihn recht ab; dann gib den Teig auf das Nudelbrett, dehne immer ein Stück länglich aus, lege darauf schöne reife Zwetschken unweit von einander, und wenn das ganze Stück belegt ist, so schneide mit dem Messer ein jedes Theilchen mit einer Zwetschke ab, balliere die Zwetschke in den Teig gut ein, und so fahre fort, bis alle Knödel fertig sind; nun gib sie einzeln in siedendes Wasser und rühre sie sogleich von unten mit dem Kochlöffel vorsichtig um, damit sie nicht anlegen; wenn sie auf die Oberfläche ausschwimmen und noch einige Minuten aufgekocht haben, so nimm sie mit einem durchgelöcherten Schöpflöffel heraus auf die Schüssel, bestreue sie mit geriebenem Quark oder mit Pfefferkuchen und Zucker vermischt, und begieße sie mit heißer frischer Butter.«

*

Zu hohen Ehren hat es natürlich dann auch der Zwetschgenknödel in Österreich gebracht. Das Kochbuch von Maria von Rokitansky hat gleich vier Zwetschkenknödel-Rezepte parat. Hier die Originalrezepte:

Zwetschken-Knödel mit Topfenteig. ¼ kg Topfen wird durchpassiert, mit 3½ dkg Butter und 2 Dottern gut abgetrieben, dann $\frac{1}{10}$ l saurer Rahm, Salz, $\frac{4}{10}$ l Mehl und fester Schnee von 2 Klar beigemengt. Schöne, große, reife Zwetschken wischt man ab; den

Ludwig Richter: Zum Essen, zum Essen!

Teig rollt man ziemlich dick aus, schneidet davon so große Fleckchen herab, daß man eine Zwetschke eindrehen und den Teig gut schließen kann. Die Knödel werden nun in einer großen, weiten Kasserolle in Salzwasser eingekocht, gut abgeseiht und entweder nur mit brauner Butter abgeschmalzen oder zu in Butter angelaufenen Bröseln gegeben.

Zwetschkenknödel mit Erdäpfelteig.
Man macht auf dem Brette einen mäßig weichen Teig aus ½ l Mehl, 2 Dottern, Salz, einem eigroßen Stückchen Butter und so viel heiß geriebenen, erkalteten Kartoffeln, als das Mehl aufnimmt. Man soll eine gelbe Gattung von Kartoffeln nehmen, womöglich nicht die sogenann-

ten Rosenkartoffeln. Wenn der Teig gut verarbeitet ist, rollt man ihn zu einer dicken Wurst, schneidet kleine Stücke davon herab und überzieht mit jedem eine frische, abgewischte Zwetschke. Der Teig muß sehr gleichmäßig herumgewickelt werden und darf keine Sprünge haben. Man kocht die Knödel in viel Salzwasser ein; da sie viel Platz zum Kochen brauchen, so nehme man eine große Kasserolle dazu. Nachdem die Knödel abgeseiht wurden, röstet man sie mit in Butter angelaufenen Böseln.

Zwetschkenknödel mit Nudelteig. Man macht einen gewöhnlichen weichen Nudelteig aus Mehl, Eiern und Wasser, rollt ihn zu einer Wurst, schneidet von dieser gleich große Stücke ab und dreht in jedes dieser Stücke eine frische Zwetschke ein. Wenn alle fertig sind und der Teig bei allen gut geschlossen ist, kocht man sie in Salzwasser ein, seiht sie ab und schmalzt sie mit brauner Butter reichlich ab, oder läßt sie in derselben etwas rösten.

Zwetschkenknödel anderer Art. Man sprudelt 4/10 l Obers mit 3 Dottern, 1 Ei, etwas Salz gut ab und macht auf dem Brette mit einem Stückchen Butter und Mehl einen Teig an, walkt ihn aus, überzieht damit die Zwetschken und kocht sie fertig wie oben. – Oder: Man macht einen Teig – ohne Eier – aus 1 l Mehl, einem Stückchen Butter und lauwarmer Milch.

Mei Muatta macht Knödel so kloane,
drum iß ich sie liaba alloane!
(So sang man vor dem Kammerfenster im böhmischen Krummau.)

Schlägt man in internationalen Kochbüchern nach, so wird der Zwetschgenknödel heute in erster Linie Österreich zugeordnet. Hier ein schnell und gut nachvollziehbares Rezept:

Zwetschgenknödel mit Kartoffelteig

1 kg Kartoffeln,
120 g Mehl, 30 g Grieß,
1 Prise Salz, 1 Ei,
24 Zwetschgen,
24 Stück Würfelzucker,
100 g Butter,
3 EL Semmelbrösel,
Zimt,
Zucker

Die Kartoffeln werden roh geschält, mehlig gekocht, zerstampft und kalt gestellt. Anschließend werden sie mit Mehl, Grieß und Salz vermischt und mit dem Ei gründlich verknetet. Zu einer Rolle geformt, werden dem Teig 24 gleiche Scheiben abgeschnitten und flachgedrückt. Sie sollen etwa 4 mm dick sein und einen Durchmesser von 10 cm haben. Inmitten dieser Teigscheiben wird je eine gewaschene, entsteinte Zwetschge, gefüllt mit je einem Stück Würfelzukker, gelegt und mit dem Knödelteig faltenlos umhüllt. Im kochenden Salzwasser läßt man die Knödel gut 5 Minuten ziehen, bis sie nach oben schwimmen. Die Butter wird erhitzt, mit den Semmelbröseln leicht angebräunt und die Knödel darin gewälzt. Anschließend bestreut man die Zwetschgenknödel mit Zimt und Zucker. Möglich ist es auch, die Zwetschgenknödel anstatt in Semmelbröseln in Mohn, Zucker oder auch nur in gebräunter Butter zu wälzen.

Regensburger Kochbuch.

1142
Original-Kochrecepte

auf Grund vierzigjähriger Erfahrung
zunächst
für die bürgerliche Küche
herausgegeben
von

Marie Schandri,

ehedem vierzig Jahre Köchin im Gasthof zum „goldenen Kreuz“ in Regensburg.

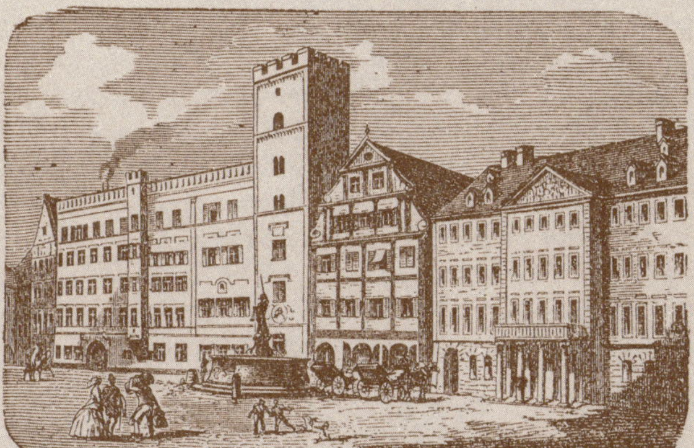

Mit einem Anhange:

Die vollständige Fastenküche,

oder praktische Anleitung zur Zubereitung von **364** Fastenspeisen.

Siebenundzwanzigste, einzig rechtmäßige illustrirte Auflage.
Wohlfeile Ausgabe.

Regensburg 1892.
Verlag von Alfred Coppenrath.
H. Pawelek

Aprikosenknödel

1 kg Kartoffeln, 200 g Mehl, 250 g Magerquark, 1 Ei, 1 EL Butter oder Margarine, 1 Prise Salz, 24 Aprikosen, 24 Stück Würfelzucker, 100 g Butter, 3 EL Semmelbrösel, Zimt, Zucker

Die Kartoffeln werden roh geschält, gekocht, zerstampft und kalt gestellt. Gemeinsam mit dem Mehl, dem Magerquark, dem Ei, der Butter und dem Salz werden sie zu einem lockeren Teig verknetet. Der Teig wird ca. 5 mm dick ausgerollt und Scheiben mit einem im Durchmesser von 10 cm großen Glasrand ausgestochen. In die Mitte der Teigscheiben gibt man je eine mit einem Stück Würfelzucker gefüllte Aprikose (auch Marille) und umhüllt sie faltenlos mit dem Teig zu Knödeln. In einem großen Topf mit kochendem Salzwasser ziehen sie in gut 5 Minuten gar und werden anschließend in den in der Butter gerösteten Semmelbröseln gewälzt. Mit Zimt und Zucker bestreut, werden sie knusprig braun herausgebacken.

Obstklöße

250 g Mehl, 50 g Butter, ¼ l Wasser, Salz, 500 g Pflaumen oder Mirabellen, Äpfel, Aprikosen, 100 g Butter, 3 EL Semmelbrösel, Zucker

Das in eine Schüssel geschüttete Mehl wird ein wenig gesalzen, inmitten eine Mulde gedrückt und die Butter hineingegeben. Das Wasser wird mit Salz gekocht, über die Butter gegossen und alles zusammen schnell zu einem Teig geknetet. Mit dem Nudelholz wird der Teig 3–4 mm dick ausgerollt, Teigstücke von 10 cm Durchmesser ausgestochen und mit der gewünschten Frucht belegt. Daraus formt man kleine Klößchen, legt sie in siedendes Salzwasser ein und läßt sie 5–10 Minuten ziehen. Vor dem Servieren werden die Knödel in den in Butter leicht angebräunten Semmelbröseln und in Zucker (oder in geriebenem Mohn oder in feingehackten Nüssen) gewälzt.

Kirschknödel in Hefeteig

500 g Mehl, 20 g Hefe, ¼ l Milch, 1 TL Zucker, 2 Eigelb, 80 g Butter, Salz, 500 g Kirschen, 3 EL Semmelbrösel, 100 g Butter, Zimt, Zucker

Das Mehl wird in eine Schüssel gegeben und mit der klein zerbröckelten Hefe, der lauwarmen Milch sowie dem Zucker verrührt. Das Ganze läßt man zugedeckt an einem warmen Platz ½–1 Stunde gehen. Anschließend werden Eigelb, die 80 g Butter und Salz beigemengt und der Teig so lange geschlagen, bis er Blasen zeigt. Der Teig muß dann nochmals zugedeckt ruhen, bevor man ihn auf einem mit Mehl bestreuten Brett ausrollt, daraus ca. 10 cm (Durchmesser) große Teigstücke schneidet und diese Teigstücke um die entkernten Kirschen – es eignen sich dazu natürlich auch Pflaumen, Heidelbeeren und Aprikosen – wickelt. Nachdem man die Knödel geformt hat, werden sie in kochendes Wasser eingelegt, wo sie in ca. 10 Minuten garziehen. Gut abgetropft können sie dann in den in Butter leicht angebräunten Semmelbröseln und/oder in einer Zimt- und Zuckermischung gewälzt (oder auch mit geriebenem Quark bestreut) werden.

Rheinische Apfelklöße

*500 g Mehl, 3 Eier,
80 g Butter, 50 g Zucker,
⅛ l Milch, 1 TL Salz,
500 g Äpfel, Zimt,
Zucker, Butter*

Das Mehl wird mit den Eiern, der Butter, dem Zucker, Milch und Salz zu einem Teig verrührt. Diesem Teig werden die geschälten und geschnitzelten Äpfel beigegeben. Daraus formt bzw. sticht man mit einem Löffel die Klöße ab und läßt sie in kochendem Salzwasser rund 10 Minuten ziehen. Vor dem Servieren werden die Klöße mit einer Zimt-Zucker-Mischung überstreut und mit leicht gebräunter Butter übergossen.

Sächsische Pflaumenklöße

*400 g Kartoffeln, 125 g Mehl,
20 g Butter, 1 Ei, Salz,
1 kg Pflaumen,
Würfelzucker, Butter,
Zucker, Zimt*

In noch heißem Zustand werden die gekochten Kartoffeln geschält und fein zerstampft, bevor sie nach gründlichem Abkühlen mit Mehl, Butter, dem Ei und Salz zu einem festen Teig verknetet werden. Diesen läßt man abgedeckt etwa ½ Stunde quellen. Die entsteinten Pflaumen werden mit Würfelzucker gefüllt und mit dem Teig, den man zweckmäßigerweise zuvor mit dem Nudelholz 3–4 mm dick auswälzt, umhüllt. Die wohlgeformten Klöße müssen in siedendem Salzwasser in gut 10 Minuten garziehen. Mit brauner Butter übergossen und mit Zucker oder/und Zimt bestreut, werden sie dann serviert.

Apfelknödel aus Spätzleteig

*300 g Mehl,
½ TL Backpulver,
2 Eier, Salz,
Zitronensaft,
⅛ l Milch, 500 g Äpfel,
1½ EL Zucker,
100 g Butter,
3 EL Semmelbrösel,
Zucker, Zimt*

Der Spätzleteig wird aus Mehl, vermischt mit Backpulver, Eiern, Salz, Zitronensaft (oder auch abgeriebener Zitronenschale) und Milch vermischt und gut verknetet. Den ganzen Teig läßt man etwas gehen und gibt dann die in sehr kleine Würfel geschnittenen Äpfel, die vorher gezuckert werden, darunter. Anschließend werden die nicht allzu groß geformten Knödel in kochendes Salzwasser eingelegt, wo sie in 15 Minuten ziehen. Sie müssen schön aufgegangen sein, bevor sie in den in hellbrauner Butter gerösteten Semmelbröseln gewälzt werden. Zum Schluß werden sie mit Zucker und Zimt bestreut.

Wie süße Knödel noch zu füllen sind

Will man süße Knödel machen und hat nicht gerade Zwetschgen oder Marillen zur Hand, kann man sie auch mit folgendem Obst (auch mit entsprechender Konfitüre) füllen:

- ▷ Pfirsiche
- ▷ Johannisbeeren
- ▷ Kirschen
- ▷ Sauerkirschen
- ▷ Erdbeeren
- ▷ Pflaumen
- ▷ Trockenfrüchte (Äpfel, Pflaumen, Aprikosen)

»Starfighter mit Knödeln angegriffen ... «

So und ähnlich lauteten die Schlagzeilen von Boulevardblättern im Jahre 1967, als der Graphiker Helmut Winter aus Pasing bei München anfing, mit einer speziell konstruierten Katapultanlage, ähnlich wie man sie in mittelalterlichen Zeiten zur Beschießung von Trutzburgen gebrauchte, die über sein Wohngebiet anrückenden Tiefflieger mit Kartoffelknödeln zu beschießen. Und wenn auch der findige Knödelschütze in seinem militanten Zorn, aber mit überaus friedlichen Mitteln, keinen der über sein Wohnhaus donnernden Starfighter abschoß, so erreichte er doch, daß man bei der Luftwaffe in Fürstenfeldbruck und Landsberg die Einflugschneise änderte. »Ich war ein Frühzünder, als ich den Leuten gezeigt habe, daß man ein ernstes Anliegen auch lustig und ohne Kadi durchziehen kann. Jetzt gibt's überall Bürgerinitiativen, da bin ich überflüssig geworden«, erinnert sich der Knödelschütze heute an seine früheren Aktivitäten, die ihn nicht nur den Kampf gegen die Lärmbelästigung gewinnen ließen, sondern auch eine andere Ehrung einbrachten: Im März 1967 wurde dem Graphiker vom Karl-Valentin-Musäum als erstem Münchner der »Blödsinns-Taler« für den schönsten Blödsinn des Jahres verliehen.
Auch im Ausland erntete der sich speziell auf Kartoffelknödel als Wurfgeschoß konzentrierende Flugabwehrspezialist mit seinen weichen Geschossen frenetischen Beifall. Vor allem die Amerikaner konnten es gar nicht fassen, so Helmut Winter bei einem Interview, »daß ein Deutscher so viel Humor hat!«

Knödel gegen tieffliegende Starfighter?

Gerichte aus Knödelresten

Immer wieder kommt es vor, daß der Hunger in Anbetracht einer großen dampfenden Schüssel Knödel zwar noch gesteigert wird, dann aber doch die Eßleistung hinter dem bereits vollzogenen Augenschmaus zurückbleibt. Bleiben Knödel übrig, so kann man sich aber auf eine weitere Mahlzeit aus diesen köstlich zubereiteten »runden Dingern« freuen. Denn Knödel eignen sich überaus gut zur Resteverwertung, ganz gleich, ob es sich dabei um Kartoffel- oder Semmelknödel handelt. Mit Eiern, Fett, Wurst oder Schinken, ein bißchen feingehackter Petersilie oder Schnittlauch lassen sich feine Gerichte mit wenig Mühe zubereiten. Als Abendmahlzeit geradezu eine feine Ergänzung des Speisezettels! Die nachfolgenden Rezepte können nicht auf die Zahl der Knödel fixiert sein, da man ja nicht weiß, wie viele gerade übrig bleiben. Doch es rentiert sich schon allein bei einem Knödel, daraus ein Single-Gericht zuzubereiten. Die Zugaben von Eiern, Milch und Fett bzw. Speck können bei zwei, drei und vier Knödeln angewandt werden, je nachdem, wie man die Knödelreste-Verwertung mit Zugaben verfeinern will.

Essigknödel

Von Bayern bis Österreich, von Tirol bis in das Schweizer Bergland kennt man die Essigknödel, die man als Abendessen bevorzugt. »Sie haben zu Abend gegessen. Es hat Knödel in Essig und Öl gegeben mit feinen Wurstblättchen von einer Lyoner drin. Für Hitzetage gerade das richtige Abendbrot«, heißt es in einem bayerischen Heimatroman. Die Zubereitung der Essigknödel ist überaus einfach. Die von Mittag aufgehobenen Semmelknödel werden in dünne Scheiben geschnitten und portionsgerecht auf den Serviertellern angerichtet. Aus Wasser, Essig, Öl, Salz, Pfeffer und einer Prise Zucker wird eine Soße bereitet, darüber gegossen, ½ Stunde zum Durchziehen stehen gelassen und zum Schluß das Ganze mit fein säuberlichen Zwiebelringen garniert, wie man es vom Wurstsalat her gewohnt ist. Noch leckerer wird der Essigknödel natürlich, wenn man feingeschnittene Wurstblättchen von einer Lyoner oder Knackwurst dazu mischt. Und nichts schmeckt dazu besser als ein frisch gezapftes Bier oder ein kühler Most oder Wein.

Geröstete Knödel mit Ei

Zum Rösten geeignet sind vor allem Knödel aus rohen Kartoffeln, Knödeln »halb und halb« wie auch Semmelknödel. Man gibt in eine Pfanne etwa 40 g Fett, dazu die aufgeschnittenen, gabelgerechten Knödelscheiben und schlägt darüber, je nach der Menge der Knödel, zwei oder drei Eier. Ein bißchen gehackter Schnittlauch oder Petersilie (1 EL voll genügt) verfeinert die ganze Sache. Bei mäßiger Hitze läßt man alles so lange unter öfterem Umdrehen in der Pfanne, bis es gut angeröstet ist. Heiß servieren. Dazu empfohlen werden kann ein Schüsselchen Kopf- oder Tomatensalat.
Werden die gerösteten Knödel etwas mehr gewürzt gewünscht, kann man mit frisch gemahlenem Pfeffer und Salz nachhelfen.

Magdalena D. Rettig

Hausköchin,

oder

eine leichtfaßliche und bewährte Anweisung,

auf die vortheilhafteste und schmackhafteste Art

Fleisch- und Fastenspeisen

jeglicher Gattung zu kochen, zu backen und einzumachen;

mannigfaltige Leckerbissen von Mehl u. Obst, Eingesottenes u. s. w.

zuzubereiten;

Tafeln nach der neuesten Art zu decken;

nebst vielen anderen nützlichen, in der Haushaltung oft unentbehrlichen Sachen.

Fünfzehnte,

um 122 neue Recepte vermehrte Auflage.

Prag, 1888.

Verlagsbuchhandlung: Jaroslav Pospíšil.

In **Wien** bei **Carl Gorischek** k. k. Univers.-Buchhandlung.
In **Leipzig** bei **Franz Wagner.**

Geröstete Knödel mit Schinken oder Wurst

Hier sind die Knödelreste ebenfalls in kleine Stücke zu schneiden und gemeinsam mit einem Stück Wurst von 100–150 g oder Schinken, alles schön in Streifen geschnitten, in eine Pfanne mit heißem Fett zu geben und leicht anzubraten. Beim Servieren streut man ein bißchen gehackte Petersilie darüber. Anstatt Wurst und Schinken kann man auch gekochtes oder gebratenes Fleisch, das man vielleicht vom Mittagessen übrig hat, in kleine Stücke gehackt, beigeben.

Geröstete Knödel mit Zwiebel und Ei

In einer Pfanne mit 50–100 g ausgelassenen Speckwürfeln und mit der gleichen Menge Zwiebelringen werden die Knödelscheiben leicht angeröstet. Über die Knödelscheiben gibt man etwa 2–3 Eier, zuvor in 3 EL Milch verquirlt. Alles ist so lange in der Pfanne zu belassen, bis die Eier gleich Rühreiern gestockt sind.

Böhmische Knödelreste

Gab es schon zum Mittagstisch Freude an den Böhmischen Knödeln, so kann es Knödelfreude auch noch abends geben, wenn man so wie in böhmischen oder österreichischen Küchen verfährt. Die vom Mittag übrigen Knödel schneidet man in etwa zeigefingerdicke Scheiben, brät sie mit Butter goldgelb an und streut kurz vor dem Servieren feingehackte Zwiebeln darüber. Dazu ein Spiegelei – und die Mahlzeit stimmt! Dazu kann gerne auch grüner Salat serviert werden. Gut schmecken die Böhmischen Knödelreste auch dann, wenn man sie, geschnitten in gut 1 cm große Würfel, in einer Pfanne, in die man vorher Butter und gehackte Zwiebeln gegeben hat, leicht anbräunt und dazu gehackte Essiggurken und eingemachte Champignons gibt. Wenn alles leicht angedünstet ist, wird Rührei darüber geschüttet und das Ganze nochmals leicht angebraten. Mit ein bißchen Schnittlauch und mit Perlzwiebeln oder auch anderen süßsauren Sachen serviert, ist dies allemal eine Kost, die man auch unerwartet gekommenen Gästen vorsetzen kann.

*

Urbairische Kost: die Rottaler G'wichsten

Eine Elastizität gleich Tennisbällen schreibt man einem Knödel aus dem altbairischen Rottachgau, also aus dem niederbayerischen Gäuboden, zu. Dort ist eine recht eigenartige Knödelart zu Hause: die G'wichsten. Ganze Dienstbotengenerationen können davon ein Lied singen, weil gerade diese aus Roggenmehl hergestellten Knödel schlechthin die ihnen verordnete Leibspeise waren. Fürwahr eine sehr schwere Kost, denn ein verwöhnter Magen verträgt die G'wichsten nicht besonders gut. Sie sind so hart, daß man jemand damit ein Loch in den Kopf werfen kann, oder daß man sie über ein Hausdach hinüberwerfen kann, ohne daß sie zerbrechen, sagt man im Rottal darüber.
Die Rezepte der Zubereitung sind denen der Mehlknödel gleich, nur daß man bei den Rottaler G'wichsten nicht Weizen-, sondern Roggenmehl nimmt.

Im »Altbairischen Volks- und Heimatkalender auf das Jahr 1981« der Passauer Neuen Presse sind Herstellung und nicht gerade einfache Essensart dieser Rottaler Spezialität wie folgt beschrieben:

Rottaler G'wichste

»Eine eigene Kunst ist es, diese Knödel zuzubereiten. Der aus reinem Roggenmehl fein säuberlich geknetete, zähe Teig wird zwischen den beiden flachgehaltenen Händen so lange gedreht, bis eine schöne Kugelform erreicht ist. Es erinnert dieser Vorgang an die Herstellung von Kugeln aus Wachs oder Lehm. Dabei legt jede Bäuerin oder Köchin Wert darauf, möglichst tadellos und zierlich gedrehte Kugelformen zustande zu bringen. Dieses feine Herausdrehen der Kugelform hat man volkstümlich mit ›Wichsen‹ bezeichnet, und davon haben die Knödel den Namen ›die G'wichsten‹ bekommen. Die G'wichsten dürfen beileibe nicht zu groß gemacht werden. Hier gilt vor allem das Sprichwort: Klein, aber fein! Auch sollen sie im Vergleich zueinander möglichst gleich groß geraten. Wenn das der Fall ist und sie fertig auf dem Nudelbrett liegen, gleichsam in Reih und Glied, dann machen sie zweifellos einen äußerst appetitlichen Eindruck, und jede Rottalerin setzt einen gewissen Stolz darein, diesen schmeichelnden und bestechenden Eindruck auch zu erreichen. Vom Nudelbrett weg kommen dann die G'wichsten wie jeder andere Knödel ins siedende Wasser, und damit sind sie fertig.
Nun kommt die Kunst des Essens. Mit Vorliebe gibt es die G'wichsten zum Schweinefleisch. Es ist Brauch, das Fleisch für sich allein aufzutragen, während auf die Mitte des Tisches eine große Schüssel mit der einfachen Fleischsuppe kommt, und in dieser Suppe schwimmen die G'wichsten. Aus ihr werden nun die kleinen, runden Dinger mit der Gabel ›herausgetupft‹, was eine wirkliche Kunst ist. Es gibt für die Tischgenossen keinen größeren Spaß, als wenn ein Fremder mit zu Tische sitzt, der darin noch keine Übung hat. Stößt der Unkundige so einen G'wichsten mit der Gabel zu sachte an, so taucht dieser nur etwas unter, aber anspießen läßt er sich deswegen noch lange nicht. Stößt er zu stark, so kann er damit einen ganzen Aufruhr und überschäumende Wogen in der Schüssel verursachen. Trifft er das gesuchte Opfer nicht in der Mitte, sondern seitwärts, so reißt so ein Schlingel einfach aus oder taucht unter, um auf der anderen Seite mit Schwung über den Schüsselrand zu springen. Das gibt in der Tischrunde dann jedesmal ein Hallo, und der verlegene Neuling merkt es jetzt ganz handgreiflich, welche Kunst das Herausfischen der G'wichsten ist. Sich aber zu diesem Zweck eines Löffels zu bedienen, gälte unter aller Würde. So bleibt dem neuen Tischgenossen nichts anderes übrig, als sich diese mühsame Kunst anzueignen und bis dahin noch öfter ein Gelächter hervorzurufen.

Knödel auf französisch

Semmelknödel waren in Altbayern schon immer das Leibgericht Nummer eins. Bei einem von der Herzogin von Leuchtenberg im Jahre 1835 gegebenen Essen waren sie in der Menükarte mit der französischen Bezeichnung »des quenelles« aufgeführt.

„Runde Sachen" zählen auch in dem berühmten Kochbuch von Marcus Rumpolt aus dem Jahre 1587 (Titelholzschnitt).

Eine wahre Meisterleistung: Bernd Degen kredenzt den Bayerwaldlern einen Riesenknödel von 124 kg.

Ein Super-Knödel wog 124 kg

Der Chef der Hotelfachschule in Viechtach im Bayerischen Wald, Bernd Degen, hat nicht aufgrund seiner dreifachen Meisterehren, die ihm als einzigem im ganzen Lande zustehen, Eingang gefunden ins Guiness-Buch der Rekorde, dem Lexikon der Superlative also, sondern durch eine küchenmeisterische Großtat, die er beim Viechtacher Bürgerfest anno 1981 inszenierte.
Knödelrund war Bernd Degens Speise aufgrund ihres Volumens natürlich nicht und konnte es eigentlich nicht sein, weil das Ganze auch noch lokker und genießbar sein mußte. Gemeinsam mit dem Internatsleiter der Hotelfachschule, Heinrich Wagner, hat Bernd Degen zwei Wochen lang an einen Riesenknödel hingekocht und dabei einen Zentner Kartoffeln, 30 Kilogramm Knödelpulver, 2 Kilogramm Stärkemehl und 80 Eier verkocht. Der Viechtacher Knödel war aber keine Sache allein zum Anschauen. Zugunsten eines Multiple-Sklerose-Stützpunktes wurden genau 360 Knödelportionen ausgeteilt und damit 1081 DM für einen guten Zweck eingenommen. Gesagt werden muß noch, daß das Knödelungetüm natürlich in keinem Kochtopf Platz hatte, sondern man dazu den Kochschrank einer ortsansässigen Metzgerei in Anspruch nehmen mußte. Damit das Knödelessen zu Viechtach keine trockene Angelegenheit wurde, bereitete die Hotelfachschule dazu ein recht saftiges Gulasch, so daß alles in allem zu einem großen Spaß wurde, von dem man auch heute noch im Waldland spricht.
Doch große Knödel gab es auch anderswo unter dem weißblauen Knödelhimmel. Einen Riesensemmelknödel mit einem Durchmesser von 35 cm hat anfangs der 80er Jahre ein Gastwirt in Garching seinen Stammtischbrüdern aufgetischt. Der aus 90 Semmeln und 40 Eiern zubereitete Semmelknödel nahm eine Kochzeit von fünf Stunden in Anspruch und war so hungerstillend, daß ihn selbst zehn gestandene Mannsbilder nicht aufessen konnten.

*

Schlesisches Kließlalied

Kließla, Kließla, Leibgerichte,
Kließla, meine liebste Kust!
Weeßne Kließla, weiß und lichte,
war konnt noch woas Bessersch sust?
Jedes macht enn langa Rüssel,
jeder Mensch eim Glicke schwimmt,
wenn de gruße Kließlaschüssel
uff a Tiesch geroatbert kimmt.

Fünfundzwanzig sein err drinne,
hurcht ock, wie die Kinder plärrn
Mutter, sein die Kließla hinne?
Wenn's ock fünfunddreißig wär'n.
Fünfundvierzig wärn om besta,
denn dar Hunger, dar ies gruß,
und bei sichte Kließlafesta,
doo ies reen derr Geier lus.

Noach dan kugelrunda Dingern
angelt jeder, wie a wiel,
mit derr Goabel, mit a Fingern,
moncher nimmt a Löffelstiel.
Mit dam breta Kließlahengste
warn se bale kleengemacht.
Siste doas – herrjess – doo denkste,
durte werd a Schwein geschlacht.

Die historische Speckknödel-Party

Wenn die geschichtlichen Quellen ihren Dienst versagen, erzählt die Sage. Die Tiroler Speckknödel sind bekanntlich weltberühmt. Und da alles seinen Anfang nehmen muß, gibt es auch eine Geschichte, die die Erfindung dieser legendären Speckknödel erzählt. Sie soll sich in der Zeit von Kaiser Karl V. ereignet haben, als der mächtige Herrscher mit seinem Heer über den Brenner nordwärts zog, hin zum Tiroler Städtchen Hall, um dort Rast zu machen. Im Gasthaus »Zu den drei Lilien« soll es sich zugetragen haben, daß im Gefolge des Kaisers ein paar Landsknechte an das Tor klopften und nach Einlaß, Atzung und Umtrunk verlangten. Konnte zwar der Wirt dem ersten gleich folgen, da genügend Wein im Keller war, so soll die Wirtin in dieser schlimmen Zeit in arge Bedrängnis gekommen sein. In der Speisekammer fanden sich weder zubereitete Speisen noch Fleisch. Doch die Landsknechte wurden immer rauher und drohten, mit ihren Waffen fuchtelnd, falls sie nichts unter ihre Eßbestecke bekommen sollten. Not macht bekanntlich erfinderisch, und eine Erfindung machte in dieser Stunde höchster Bedrängnis auch die Wirtin »Zu den drei Lilien«. Sie eilte in Vorratskammer und Küche und suchte alles hervor, was da noch zu finden war: ausgetrocknetes Brot, Speck, Wurst, Zwiebeln, Eier, Mehl und Milch, dazu Pfeffer und Salz. Speck, Wurst und Brot wurden von ihr in kleine Würfel geschnitten. Sie goß Milch darüber und schlug ein paar Eier dazu, tat das Mehl und das Gewürz hinein und formte daraus eine Teigmasse, den runden Kanonenkugeln gleich, die sie in das siedende Wasser warf. Damit hatte die Geburtsstunde der Tiroler Speckknödel geschlagen. Und o Wunder: Den rauhen Gesellen mundete die Mahlzeit dermaßen gut, daß sie immer aufs neue in einen Lobgesang auf die Wirtin ausbrachen, ihre gute Erfahrung weitererzählten und sich somit die Kunde über die Ländergrenzen hinaus als ein spezielles Rezept aus Tiroler Landen verbreitete.

*

Auch das gab's schon: viereckige Knödel

Am 8. August 1978 stand es ganz groß in einem Münchner Boulevardblatt mit folgender Headline angekündigt: »Revolution in Bayerns Küche: Eckige Knödel! Passauer Wirt erfand Schmankerl mit Kanten.« Groß gefeiert wurde damals der Wirt vom Gasthof »Zum Innsteg«. Und das nicht nur deswegen, weil er die alte Tradition aufrechterhielt, Jakob Bauer wollte dem runden Knödelallerlei etwas ganz anderes entgegensetzen: die »Quadro-Knödel«. Und er sollte damit Begeisterung auslösen, denn sogar Leute aus München kamen nach Passau angereist, vor allem Journalisten, um diese viereckige Spezialität einmal zu kosten. Schlitzohrig, wie der Jackl nun mal ist, erzählte er den Reportern eine besondere Geschichte über seine Erfindung. Er tischte ihnen das Märchen auf, daß er auf die Idee grad in jenem Augenblick gekommen sei, als er sich anschickte, im Bayerischen Wald drinnen die Wolpertinger zu fangen; und damit's ihm auch geglaubt wurde, hatte er in seinem Gastzimmer einige davon präpariert zur Schau gestellt. Wolpertinger sind Fabelwesen, halb Ente, halb Hase, mit Gehörn des Rehbocks, alles der Phantasie des Jägerlateins entschlüpft. Dabei will sich der Jackl so stark konzentriert haben, daß er nicht gemerkt hatte, daß bei der Abstützung auf zwei Pflastersteine seine zwei knödelformenden Hände richtige viereckige, tiefe Abdrücke bekommen hatten. Und als er dann in seine Gasthausküche zurückkam, fiel es ihm gar nicht schwer, anstatt runder eckige Knödel zu formen. Bis zu 70 Semmelknödel im Format 5 x 5 x 5 cm fabrizierte er damals, und das alles schön und fein säuberlich mit der Hand. Daß die Knödel auch schön viereckig blieben, dafür gab der Jackl folgenden Tip: Vor dem Kochen sind die eckigen Semmelknödel kurz anzubacken. Dann bleiben sie schön fest und viereckig!

*

Knödelfest mit dem längsten Knödeltisch der Welt

Auch das gibt es: ein Knödelfestival ganz besonderer Art. Der Fremdenverkehrsverband St. Johann in Tirol veranstaltet seit dem Jahre 1982 alljährlich im Rahmen der St. Johanner Almfestwochen zum Sommerausklang im schönen Tiroler Land ein Knödelfest. Zumeist am dritten Samstag im September wird ganz groß zum Knödelessen eingeladen. Wer ein Verehrer dieser Kost ist, kann sogar am längsten Knödeltisch der Welt in der Speckbacherstraße teilnehmen. Dort, an einer 300 m langen Tafel, kann er sich von den St. Johanner Wirten bedienen lassen mit den Knödelspezialitäten von Tirol. Es gibt Bratknödel, Preßknödel, Semmelknödel mit Wildsoße, geselchte Rindfleischknödel, Tiroler Speckknödel, Zwetschgenknödel, Grammelknödel, Koasaknödel, gebackene Leberknödel, Kasknödel, Szegediner Knödel, Almerknödel, Eisknödel, Fastenknödel, Marillenknödel, um nur die meistgefragten zu nennen.

Zehntausend Besucher wurden in den letzten Jahren damit beehrt. Die örtlichen Vereine führten sogar Knödelwettessen durch, und die Wirte tischten zu diesem Fest sage und schreibe 20 000 dieser Tiroler Spezialitäten auf. Auf die Frage an den örtlichen Fremdenverkehrsdirektor, ob ihm besondere Anekdoten aus diesem Festverlauf bekannt seien, teilte er mit, daß die bewirteten Gäste dann für Spaß sorgten, wenn sie ihre Erfahrungen nach diesem Knödelessen in die Tat umsetzen wollten. So zum Beispiel, als sie aus Semmelknödeln Speckknödel machen wollten, die Semmelknödel dabei in Speck einwickelten und so hofften, dieselben Tiroler Speckknödel servieren zu können, wie sie dies von den St. Johanner Almfestwochen her gewohnt waren. Was man aber in St. Johann unter Tiroler Speckknödeln versteht, sagt das Rezept auf Seite 50.

Des Wirtes Nachbar und sein Sohn,
Die warten auf die Knödel schon.

Auf einmal kommt herein die Sau
Und stößt die gute Nachbarsfrau.

Aus: Wilhelm Busch, Der Bauer und sein Schwein.

Auch als Fertigprodukt ein Phänomen: Kloß und Knödel aus der Packung

Not macht bekanntlich erfinderisch. Schon während der beiden Weltkriege ging man daran, den Hunger der in ganz Europa verstreuten deutschen Landser mit Trockenkartoffeln zu stillen. Doch kein so rechter Erfolg bzw. Geschmack wollte sich einstellen. Die Kartoffel-Fertigprodukte blieben also in ihrer Entwicklung stecken, was der deutschen Lebensmittelindustrie von damals den Vorwurf einbrachte, daß zwar die Waffensysteme immer mehr verfeinert würden, nur die Nahrungsmittel blieben immer die gleichen.
Der wohl größte Knödelerfolg aller Zeiten sollte dann schließlich dem Nachkommen des ehemaligen kgl. bayerischen Hoflieferanten zu München, Werner Eckart, gelingen. Am 2. September 1949 stellte er bei der ersten Nahrungsmittelausstellung nach dem Kriege das erste Kartoffel-Fertigprodukt, den »Pfanni-Knödel« vor, der seinen Namen eigentlich nicht aufgrund einer groß angelegten Meinungsumfrage bekam, sondern ganz einfach nach der tüchtigen Köchin »Fanni« der Familie Eckart.
Und mit diesem »Knödel halb und halb« war der Startschuß für den unendlich großen Markt der Kartoffel-Fertigprodukte getan.
Diesem »Stammknödel« sollten viele weitere Knödelsorten aus der Packung folgen, und nicht nur die Fa. Eckart in München nahm sich dieser Produktion an, sondern gleich mehrere Lebensmittelhersteller traten erfolgreich in diese Fußstapfen.
Ohne chemische Zusätze wird im Grunde heute immer noch so produziert, wie es die Inkas bereits vor mehr als 2000 Jahren vorexerziert hatten: Da die Kartoffel ja zu etwa ¾ aus Wasser besteht, legten die Inkas sie in die Sonne, wodurch ihnen das Wasser entzogen wurde. Dieser Prozeß dauerte so lange, bis die Kartoffeln vollkommen ausgetrocknet waren. Dann waren sie zwar steinhart, aber leicht und haltbar. Der einzige Unterschied zu den Inkas ist, daß die Fertigprodukte-Hersteller heute die Energie steuern können, d. h., daß die Sonne in ihren Produktionsbereichen »auch nachts scheint«.
Der ersten Fertigprodukt-Knödelgeneration sollten weitere Entwicklungsstufen folgen. Noch einfacher hat's die Hausfrau bzw. der Hausmann mit dem Kochbeutelknödel, der auch die Mühe des Knetens und Knödelformens erübrigt.
Fertigprodukt-Knödel schwimmen aber nicht nur in den Kochtöpfen zu Hause bei Muttern. Im Tornister so mancher Expeditionsteilnehmer reist der Knödel als Fertigprodukt in alle Welt bis hinauf zu den höchsten Gipfeln der Erde.
Dank ihrer überaus guten Haltbarkeit sind fertige Kloß- und Knödelmischungen ideal für die Vorratshaltung und gut für Situationen, wenn unerwartet Besuch kommt. Folgende *Haltbarkeitsregeln* sind für Knödel aus der Packung eine Faustregel:

Ungeöffnete Packungen	
Gekochte Klöße	2 Jahre
Rohe Klöße	1½ Jahre
Knödel halb und halb	1 Jahr
Semmelknödel	9 Monate

Angebrochene Packungen	
Gekochte Klöße	3–4 Wochen
Rohe Klöße	4 Wochen
Knödel halb und halb	4 Wochen
Semmelknödel	14 Tage

Quellenverzeichnis

Walter Bickel, Suppen, zeitgemäß erprobte und bewährte Rezepte für jede Küche, Fachbuchverlag, Dr. Pfannenberg 1967, Gießen

Walter Braun Verlag, Niederrheinisches Kochbuch für den bürgerlichen Haushalt. Reprint 1975, Duisburg

Joza Brizova, Maryna Klimentora, Tschechische Küche. Verlag Prace, Praha, und Verlag für die Frau 1984, Leipzig DDR

Burda-Kochbuch, Das Gefrier-Kochbuch. Verlag Aenne Burda 1979, Offenburg

Bernd Degen, Die waldlerische Kuchl. 1981, Verlag Morsak, Grafenau

E. A. Fleischmann, Baierisches National-Kochbuch. 1824, München

Paul Friedl, Die niederbayerische Kuchl. Verlag Morsak 1971, Grafenau

Erna Horn, Von Knötelein, Knödchen und Knödeln. Kochbuchverlag Heimeran. 1976, München

Margrete Kalle, Ich koche für Dich. Ebner-Verlag. 1973, Ulm

Marianne Kaltenbach, Virginia Cerabolini, Aus Italiens Küche. Hallwag Verlag, Bern und Stuttgart

Heinrich Klietsch, Joh. Herm. Siebell, Bamberger Kochbuch. Verlag Tobias Göbhardt. 1805, Bamberg

Cardine Kümicher, Die Kartoffelküche. 1865, Bern

Pfanni-Werke, Ein Unternehmen für den Verbraucher. transcontrakt-Verlagsgesellschaft 1979, Bonn

Pfanni-Werke, Schlank mit Kartoffeln. Herausgeber: Pfanni-Werke Otto Eckart KG, München

Magdalena D. Rettig, Hausköchin. Verlagsbuchhandlung Jaroslav Pospisil. 1888, Prag/CSSR

Marie von Pokitansky, Die Österreichische Küche. A. Edlingers Verlag. 1913, Wien

Josef Schlicht, Blauweiß in Schimpf und Ehr und Leid. Rosenheimer Verlagshaus. 1973, Rosenheim

Walter Schmidtkunz, Das leibhaftige Liederbuch. Möseler Verlag, Wolfenbüttel und Zürich

Michael Schulte, Das große Karl Valentin Buch. R. Piper & Co. Verlag 1974, München–Zürich

Georg Queri, Kraftbayrisch. Deutscher Taschenbuch-Verlag. 1970, München

Wilhelm Völksen, Auf den Spuren der Kartoffel in Kunst und Literatur. Verlag Ernst und Werner Gieseking. 1975, Bielefeld

Theodor Wanderer-Verlag, Neuestes Klöß- oder Knödelbüchlein nach fränkisch-bayrischer Weise. 1880, Kulmbach

Register

Ludwig Richter: Eduard und Kunigunde.

BLV Kochpraxis – aus Spaß am Essen und Trinken

Vom selben Autor

Fruchtwein, Most und Säfte selbst gemacht

Erprobte Rezepte und Anleitungen für die Herstellung von Obst- und Fruchtweinen, Likören und Sekt, alkoholfreie Fruchtsäfte, Gemüsesäfte, Kräuteressenzen und Essig.

2. Auflage, 119 Seiten, 13 Farbfotos, 53 s/w-Fotos, 11 Zeichnungen

Peter Bührer

Spargel einfach Spitze

Informationen und Rezeptideen für die Spargelküche; Küchenpraxis, Grundrezepte, Lieblingsgerichte internationaler Spitzenköche.

2. Auflage, 119 Seiten, 6 Farbfotos, 29 s/w-Fotos

Vincenzo Buonassisi

Nudel & Nudel

Die besten Rezepte Italiens für Spaghetti, Makkaroni, Lasagne, Cannelloni, Tagliatelle, Gnocchi und Tortellini als Hauptgerichte, Beilage, Vorspeise oder Dessert sowie Anregungen für interessante Variationen.

3. Auflage, 128 Seiten, zahlreiche Zeichnungen

Gunvar Dumrath

Paradiesische Apfelküche

Rezeptideen für das Kochen und Backen mit Äpfeln; Informationen über die verschiedenen Apfelsorten, zahlreiche Serviervorschläge und wertvolle Tips und Hinweise zu Lagerung und Konservierung.

2. Auflage, 110 Seiten

* Ausgezeichnet mit der Silbermedaille der Gastronomischen Akademie Deutschlands.

Veronika Müller

Überbackenes, Aufläufe und Puddings

Erprobte Rezepte für Pikantes und Süßes aus dem Ofen; Flans, Gratins, Soufflés, Aufläufe und Puddings. Erläuterungen über Küchentechniken sowie Wissenswertes über geeignete Kochgeschirre.

2. Auflage, 139 Seiten, 9 Farbfotos, 6 Zeichnungen

Christa Muhle-Witt

Pasteten, Torten und Strudel*

Pikantes in Hülle und Fülle: Rezepte für Pasteten in der Form, Terrinen, Galantinen, Schaumbrote, Füllpasteten, pikante Torten und Strudel, Fleisch in der Teigkruste und passende Saucen.

135 Seiten, 5 Farbfotos, 11 Zeichnungen

Emil Reimers

Köstliches aus der Pilzküche

Über 150 Rezepte für Sammler und Feinschmecker sowie Informationen über Zubereitung, Lagerung und Haltbarmachung.

120 Seiten, 41 Farbfotos